실용일본어와 文法

김대성 · 안희정 공저

Publishing Company

머:리:말

현재 나와 있는 일본어 문법에 관한 교재들을 보면 최소한의 선행 학습이 전제되어야만 접근할 수 있는 것이 현실이다. 예를 들면 약 500단어 이상의 어휘 능력 및 문자(히라가나는 물론이고 카타카나도 포함)와 발음의 습득 등을 전제로 구성되어 있다.

물론 기존의 방법에 의해 문법을 공부하게 되면 체계적인 학습이 가능하다는 것은 분명하다. 그러나 외국어를 공부한다는 것은 끈기와 인내심을 요하며 또한 꾸준히 해야 하는데, 그렇게 할 수 있는 학습자가 절반을 넘지 않는 것 또한 현실이다. 그렇다면 어떻게 하면 끈기와 인내가 아니라 즐겁게 문법을 학습할 수 있을까 고민하게 되었다.

그러던 중 일본의 방송 광고(CM)를 보면서 CM이 주는 기억력과 임팩트, 재미, 그리고 그다지 오랜 시간 집중을 요구하지 않는 10초에서 30초 사이의 짧은 시간은 일본어 학습에 매우 효과적이라는 판단을 하게 되었다. 그 후 160여개의 광고를 대상으로 편집하여 교재로 만들어 지난 수년간 강의에 사용하면서 문법 자료로 사용하기에 좋은 구성을 지니면서도 학생들의 반응도 가장 좋았던 42개를 중심으로 본 교재를 집필하게 되었다.

일러두기

1. 본 교재의 문법관련 예는 가능한 한, 본 교재의 예문만을 대상으로 하려고 하였다. 다만 적절한 예가 없는 경우에는 본 교재의 범위를 넘는 예도 제시하였다.
2. 본 교재에 거의 나타나지 않는 조수사와 경어 등은 학습 부담량을 줄이기 위해 제외하였으므로 해당 부분은 다른 문법서를 참고하기 바란다.
3. 카타카나는 처음부터 끝까지 모두 외우고 쓰기에는 시간이 많이 걸릴 뿐 아니라 비효율적일 수 있으므로 본 교재에 나온 어휘를 중심으로 차근차근 암기해 나가는 것이 보다 효율적일 것이다.
4. 본 교재도 문자(주로 히라가나를 말함)와 발음 학습이 필요하지만 이 또한 본 교재를 공부해 나가면서 습득해도 된다.
5. 일본어를 처음 배우는 학습자에게는 기초 어휘부터 체계적으로 학습하는 방법이 효율적일 수 있으나, 본 교재와 같이 실용 어휘를 중심으로 학습하는 것도 또 하나의 효율적인 방법이다.
6. 본 교재는 강의 목적에 따라 실용 일본어로 또한 문법서로도 사용이 가능하다.

끝으로 이 책의 출판에 수고해주신 제이앤씨의 윤석현 대표와 관계자 여러분들에게 깊이 감사의 인사를 드린다.

공저자

목 : 차

실용일본어와문법

실용일본어와문법

실용일본어와

제1장 1~10

文法

1

来^きた。
(学生^{がくせい}さんは 金^{かね}がない)
学割^{がくわり}で 電話代^{でんわだい} 半額^{はんがく}。
エーユー バイ ケーディーディーアイ(aU by KDDI)。

来た。
(学生さんは 金がない)
学割で 電話代 半額。
エーユー バイ ケーディーディーアイ(aU by KDDI)。

来た	き·た 왔다. ⇒来る(くる 오다)
学生	がく·せい 학생.
金	かね 돈.
ない	없다.
学割	がく·わり 학생 할인.
電話代	でん·わ·だい 전화 요금.
半額	はん·がく 반액.

2

マクドナルド。

月見^{つきみ}ちゃんがやってきた。

マクドナルド。月見^{つきみ}バーガーの季節^{きせつ}です。

この秋^{あき}も 日本全国^{にっぽんぜんこく}

月見^{つきみ}バーガー。マクドナルド。

マクドナルド。

月見ちゃんがやってきた。

マクドナルド。月見バーガーの季節です。

この秋も 日本全国

月見バーガー。マクドナルド。

マクドナルド	まくどなるど 맥도날드. ⇒Mcdonalds
月見	つき・み 계란. 달맞이.
ちゃん	'さん'보다 다정한 호칭.
が	이/가.
やってきた	찾아왔다. 다가왔다. ⇒やってくる(다가오다)
バーガー	ばーがー 버거.
の	의.
季節	き・せつ 계절.
です	입니다.
この	이. 이번.
秋も	あき・も 가을도.
日本	にっ・ぽん 일본. 닛폰.
全国	ぜん・こく 전국.

3

どんとマン。アタック どんとマン。痛^{いた}くない。
僕^{ぼく} 新人^{しんじん}だから。ハーット 暖^{あった}まる。キンチョー どんと。

どんとマン。アタック どんとマン。痛くない。
僕 新人だから。ハーット 暖まる。キンチョー どんと。

どんと	쿵. 쾅. ⇒「どんと来い 자 덤벼봐 (쿵하고 가슴을 치면서 위세 부리는 모습)」
マン	まん 맨. ⇒man
アタック	あたっく 공격. ⇒attack
痛くない	いたく・ない 아프지 않다. ⇒痛い(いたい 아프다) ; -ない(-지 않다)
僕	ぼく 나.
新人だから	しん・じん・だ・から 신인이라서. 신인이기 때문에. ⇒-だ(-이다) ; -から(때문에)
ハーット	はーっと 금새. 금방
暖まる	あったまる 따뜻해지다. ⇒ あたたまる
キンチョー	きん・ちょう(金鳥) 킨쵸우.

4

あの 黄色い看板 何?
プロミスですよ。
その人に合った 借り方や 返し方が 相談できる。
相談できるの?
そうだんです。
サブ。黄色い看板 プロミス。

あの　黄色い看板　何？
プロミスですよ。
その人に合った　借り方や　返し方が　相談できる。
相談できるの？
そうだんです。
サブ。　黄色い看板　プロミス。

あの	저.
黄色い	きいろい 노랗다. 노란.
看板	かん·ばん 간판.
何	なに 뭐죠. 무엇. 뭐.
プロミスですよ	ぷろみす·です·よ 프로미스입니다. ⇒promise
その	그.
人	ひと 사람.
に	에. 에게.
合った	あっ·た 맞았다. 맞는. ⇒合う
借り方	かり·かた 대출방법. ⇒借りる(かりる 빌리다); 方(かた 방법)
や	이나. 와/과. 이랑.
返し方	かえし·かた 상환방법. ⇒返す(かえす 상환하다. 돌려주다)
が	이/가.
相談	そう·だん 상담.
できる	할 수 있다.
相談できるの?	そう·だん·できる·の 상담할 수 있어?.
そうだ	そう·だ 그렇다.
んです	ん·です 것입니다.
サブ	썰렁. ⇒寒い(さむい 춥다)

5

アサリが いっぱい パスタが うまい。
かけて 食べれば パスタが うまい。
アサリが いっぱい パスタが うまい。
かけて 食べれば パスタが うまい。
アサリの うまみ いっぱい。
はごろも アサリと 野菜の パスタ ソース。

アサリが いっぱい パスタが うまい。
かけて 食べれば パスタが うまい。
アサリが いっぱい パスタが うまい。
かけて 食べれば パスタが うまい。
アサリの うまみ いっぱい。
はごろも アサリと 野菜の パスタ ソース。

アサリ	あさり 바지락.
いっぱい	가득.
パスタ	ぱすた 파스타.
うまい	うまい 맛있다.
かけて	かけ·て 뿌려서. ⇒掛ける(かける 뿌리다)
食べれば	たべ·れ·ば 먹으면. ⇒食べる(たべる 먹다) ; -ば(-면)
うまみ	(좋은) 맛.
はごろも	깃옷. 우의. 하고로모. ⇒羽衣(は·ごろも)
-と	-와/과.
野菜	や·さい 야채.
ソース	そーす 소스. ⇒sauce

6

やるよ。いいよ。やるって。いいよ。

やるって。いいって。やる。

初めて もらった 贈り物のこと 覚えていますか。

贈る 気持ち 大切に。内祝いは シャディの お店か サラダ 館へ。

やるよ。いいよ。やるって。いいよ。

やるって。いいって。やる。

初めて もらった 贈り物のこと 覚えていますか。

贈る 気持ち 大切に。内祝いは シャディの お店か サラダ 館へ。

やる	주다.
いい	괜찮다. 좋다.
やるって	준다니까.
初めて	はじめて 처음.
もらった	もらっ・た 받았다. ⇒もらう(받다)
贈り物	おくり・もの 선물.
覚えています	おぼえ・て・い・ます 기억하고 있습니다.
	⇒覚える(おぼえる 기억하다) ; -ます(-ㅂ니다)
贈る	おくる 보내다.
気持ち	き・もち 마음. 기분.
大切に	たい・せつ・に 소중히. 소중하게.
内祝い	うち・いわい 집안 선물
	(집안끼리만의 축하. 또는 그 표시로 만든 기념품).
お店	お・みせ 가게. 상점.
サラダ館	サラダ・かん 사라다관.

7

正月 ケンタ。
パパ 初段、ママ 二段、キティーちゃんは 三段お重。
一段 二段 三段。
一段~。二段~。三段~。
ハロー キティー。初ハロー重パック。ケンタッキー。
一つになるよ。

正月 ケンタ。

パパ 初段、ママ 二段、キティーちゃんは 三段お重。

一段 二段 三段。

一段~。二段~。三段~。

ハロー キティー。初ハロー重パック。ケンタッキー。

一つになるよ。

正月	しょう·がつ 정월. 1월.
ケンタ(ッキー)	けんたっきー 켄터키.
パパ	ぱぱ 아빠. 파파.
初段	しょ·だん 초단.
ママ	まま 엄마. 마마.
二段	に·だん 이단.
キティーちゃんは	きてぃー·ちゃん·は 키티는. ⇒kitty
三段	さん·だん 삼단.
お重	お·じゅう 찬합. ⇒「重箱(じゅうばこ)」의 줄인 말
ハロー	はろー 헬로우. ⇒hello
キティー	きてぃー 키티.
初ハロー	はつ·はろー 첫 헬로우(새해 첫인사).
重パック	じゅう·ぱっく 찬합팩. ⇒pack
ケンタッキー	けんたっきー 켄터키.
一つになるよ	ひとつ·に·なる·よ 하나가 되요. ⇒-になる(-이/가 되다)

8

サリドンは スイス 生まれ。

こんな 気持ちいいとこに 住んでたらさ、頭痛なんかないよね。

だって スイスだし、空気が 超おいしい。

サリドンは 一錠で 早く 効きます。

一回一錠 頭痛に サリドン。

サリドンは スイス 生まれ。

こんな 気持ちいいとこに 住んでたらさ、

頭痛なんかないよね。

だって スイスだし、

空気が 超おいしい。

サリドンは 一錠で 早く 効きます。

一回一錠 頭痛に サリドン。

サリドンは	さりどん·は	사리돈은.
スイス	すいす	스위스.
生まれ	うまれ	태어남. 출신. 태생.
こんな		이러한. 이런.
気持ち良い	き·もち·いい	기분 좋다.
	⇒気持ち(きもち 기분) ; 良い(いい 좋다)	
とこに	とこ·に	곳에. ⇒「とこ」는 「ところ」의 줄인 말.
住んでたらさ	すん·で·たら·さ	산다면야.
	⇒住む(すむ 살다) ; -たら(-면) ; -さ(-말이야)	
頭痛	ず·つう	두통.
なんか	なん·か	따위. 같은 거. ⇒何か
ないよね	ない·よ·ね	없지.
だって		왜냐면.
スイスだし	すいす·だ·し	스위스이고. ⇒-だし(-이고)
空気が	くう·き·が	공기가.
超美味しい	ちょう·おいしい	아주 맛있다. 아주 좋다.
一錠で	いち·じょう·で	한 알로.
早く	はやく	빨리. 금방.
効きます	きき·ます	잘 듣습니다.
	⇒効く(きく 잘 듣다) ; -ます(-ㅂ니다)	
一回	いっ·かい	일회.
頭痛にサリドン	ず·つう·に·さりどん	두통에 사리돈.

9

山田<ruby>山田<rt>やまだ</rt></ruby>で 欲張<ruby>欲張<rt>よくば</rt></ruby>らなくちゃ。

行<ruby>行<rt>い</rt></ruby>かなきゃ。買<ruby>買<rt>か</rt></ruby>わなきゃ。暖房<ruby>暖房<rt>だんぼう</rt></ruby>~フェア~。

今<ruby>今<rt>いま</rt></ruby>なら 暖房商品<ruby>暖房商品<rt>だんぼうしょうひん</rt></ruby>が 全品<ruby>全品<rt>ぜんぴん</rt></ruby> 安<ruby>安<rt>やす</rt></ruby>い。

山田<ruby>山田<rt>やまだ</rt></ruby>で 買<ruby>買<rt>か</rt></ruby>おう。買<ruby>買<rt>か</rt></ruby>おう。買<ruby>買<rt>か</rt></ruby>おう。

山田全店<ruby>山田全店<rt>やまだぜんてん</rt></ruby> 暖房<ruby>暖房<rt>だんぼう</rt></ruby>フェア。

山田電気<ruby>山田電気<rt>やまだでんき</rt></ruby>。

山田で 欲張らなくちゃ。

行かなきゃ。買わなきゃ。暖房～フェア～。

今なら 暖房商品が 全品 安い。

山田で 買おう。買おう。買おう。

山田全店 暖房フェア。

山田電気。

山田で	やま・だ・で 야마다에서. ⇒-で(-에서)
欲張らなくちゃ	よく・ばら・なくちゃ 욕심을 내지 않으면.
	⇒欲張る(よくばる 욕심을 내다) ; -なくちゃ
	(「なくてはならない -않으면 안 되다」의 줄인말로
	「ては」가 「ちゃ」가 된 것임)
行かなきゃ	いか・なきゃ 가지 않으면
	⇒-なきゃ(「-なければ -않으면」의 회화체)
買わなきゃ	かわ・なきゃ 사지 않으면.
暖房フェア	だん・ぼう・ふぇあ 난방 페어. ⇒fair
今なら	いま・なら 지금이라면. ⇒-なら(-이라면)
商品が	しょう・ひん・が 상품이.
全品	ぜん・ぴん 전품목.
安い	やすい 싸다.
買おう	かお・う 사자.
全店	ぜん・てん 모든 점포.
電気	でん・き 전기.

10

コーンに 生まれた この命
ラーメンに 捧げて 見せましょう。
シャキッと 歯応え。
シャキッと コーン。

コーンに 生まれた この命
ラーメンに 捧げて 見せましょう。
シャキッと 歯ごたえ。
シャキッと コーン。

コーンに	こーん·に 옥수수로. 옥수수콘으로.
生まれた	うまれ·た 태어났다. ⇒生まれる(うまれる 태어나다)
この	이.
命	いのち 목숨. 생명.
ラーメンに	らーめん·に 라면에게.
捧げて	ささげ·て 바쳐. ⇒捧げる(ささげる 바치다)
見せましょう	みせ·ましょう 보입시다. 봅시다.
	⇒見せる(みせる 보이다) ; -ましょう(-ㅂ시다)
シャキッと	しゃきっと 아삭아삭. 시원시원.
歯ごたえ	は·ごたえ 씹는 맛.

文法....

1. 형용사(I)(形容詞 けいようし : イ형용사)

❏ 형용사는 사물의 성질이나 상태를 나타낸다.

1) 활용한다.

2) 자립어로 단독으로 술어가 될 수 있다.

3) 기본형은 「~い」로 끝난다.

1,2 学生さんは金が<u>ない</u>。

4,1 あの<u>黄色い</u>看板何？

4,7 <u>黄色い</u>看板プロミス。

5,1 アサリがいっぱいパスタが<u>うまい</u>。

5,2 かけ(かける)て食べれ(食べる)ばパスタが<u>うまい</u>。

5,3 アサリがいっぱいパスタが<u>うまい</u>。

5,4 かけ(かける)て食べれ(食べる)ばパスタが<u>うまい</u>。

6,2 <u>いい</u>よ。

6,4 <u>いい</u>よ。

6,6 <u>いい</u>って。

8,2 こんな気持ち<u>いい</u>とこに住ん(住む)でたらさ、頭痛なんか<u>ない</u>よね。

8,3 だってスイスだし、空気が超<u>おいしい</u>。

8,4 サリドンは一錠で<u>早く</u>効き(効く)ます。

9,3 今なら暖房商品が全品<u>安い</u>。

❏ 뒤에 오는 명사를 수식할 때는 기본형과 동일하게 아무 변화가 없다.

> 4,1 あの黄色い看板何？
>
> 4,7 黄色い看板プロミス。
>
> 8,2 こんな気持ちいいとこに住ん(住む)でたらさ、
>   頭痛なんかないよね。

❏ 부정표현과 보조형용사

형용사의 부정표현, 즉 우리말의 「~지 않다」를 나타내는 방법은 형용사의 어미 い를 く로 바꾸고 ない를 연결한다. ない는 「없다」를 나타내는 형용사이나, 본래의 의미인 「없다」의 뜻이 아니라 「~지 않다」의 뜻으로 부정표현에 사용되면 보조형용사라고 한다.

> 3,3 痛く(痛い)ない。

🔗 주의

いい는 いくない라고 하지 않는다. 같은 의미의 형용사 よい를 사용하여 よくない라고 한다.

❑ 형용사의 부사화(~〈하〉게)

　형용사를 부사화하는 방법은 부정표현과 마찬가지로 어미 い를 く로
바꾸면 된다.

> 8,4 サリドンは一錠で早く(早い)効き(効く)ます。

2. 격조사(格助詞 かくじょし) が「~이 · ~가」

❑ 주어를 나타낸다. 우리말의 「~이 · ~가」에 해당한다.

> 1,2 学生さんは金がない。
> 2,2 月見ちゃんがやってき(やってくる)た。
> 5,1 アサリがいっぱいパスタがうまい。
> 5,2 かけ(かける)て食べれ(食べる)ばパスタがうまい。
> 5,3 アサリがいっぱいパスタがうまい。
> 5,4 かけ(かける)て食べれ(食べる)ばパスタがうまい。
> 8,3 だってスイスだし、空気が超おいしい。
> 9,3 今なら暖房商品が全品安い。

❑술어의 대상어를 나타낸다.

> 海より山が好きだ。
> 彼はピアノが上手だ。
> お金が欲しい。

> 4,3 その人に合っ(合う)た借り方や返し方が相談できる。
> (가능동사와 함께 쓰여 가능동사의 대상어가 된다.)

3. 부조사(副助詞 ふくじょし) は 「~은 · ~는」

❑일반적으로 우리말의 「~은, ~는」에 해당하며 대비와 주제 등을 나타 난다.

> 1,2 学生さんは金がない。(주제)
> 6,10 内祝いはシャディのお店かサラダ館へ。(주제)
> 7,2 パパ初段、ママ二段、キティーちゃんは三段お重。(대비)
> 8,1 サリドンはスイス生まれ。(주제)
> 8,4 サリドンは一錠で早く(早い)効き(効く)ます。(주제)

> 月は地球の衛星である。(주제)
> 彼は酒は飲むが、たばこは吸わない。(대비)
> 努力するにはしたがだめだった。(강조)
> 何でもしますがそれはだめです。(강조)
> 私は行かない。(강조)
> 東京はどちらのお生まれですか。(장소)

4. 격조사 や：「~(이)랑・~와(과)」

❑ 병렬의 뜻을 나타낸다.

> 4,3 その人に合っ(合う)た借り方や返し方が相談できる。

> 庭のチューリップには赤いのや黄色いのがあった。
> 東京や京都。

5. 종조사(終助詞 しゅうじょし) よ「~요・~해요」

❑ 강조・감동・권유・알림 그리고 다짐의 뜻을 나타낸다.

> 4,2 プロミスですよ。(알림)
> 6,1 やるよ。(다짐)
> 6,2 いいよ。(강조 또는 다짐)
> 6,4 いいよ。(강조 또는 다짐)
> 7,8 一つになるよ。(알림)
> 8,2 こんな気持ちいいとこに住ん(住む)でたらさ、
> 　　　頭痛なんかないよね。(알림)

> もう帰る時間だよ。(알림)
> おれも行きたいよ。(강조)
> さっさとしろよ。(강조)
> 飛ぶよ。かもめが (감동)
> 行こうよ。(권유)

6. 단정(정중)의 조동사(**助動詞 じょどうし**) です 「~(ㅂ)니다」(Ⅰ)

> 2,4 月見バーガーの季節<u>です</u>。
> 4,2 プロミス<u>です</u>よ。
> 4,5 そうだん<u>です</u>。

7. -のこと 「~의 일・~에 관한 일/것」

> 6,8 初めてもらっ(もらう)た贈り物<u>のこと</u>覚え(覚える)てい(いる)ますか。

> 法律のことは知らない。
> かれのことだから。
> 「ローズ」とは英語で「ばら」のことである。

8. 과거・완료의 조동사 た(Ⅰ) 「~었(았)다」

❏ た는 과거・완료 또는 존속을 나타낸다. 일반적으로 과거는 어떤 사실이 과거에 있었음을 나타내며, 완료는 동작 또는 사건이 완전히 끝나서 사실화된 것을 나타낸다. 완료는 과거나 미래와는 관계가 없다. 존속은 동작, 상태 또는 그 결과가 계속해서 존속하고 있음을 나타낸다.

❏ 과거

> 6,8 初めてもらっ(もらう)た贈り物のこと覚え(覚える)て
>   い(いる)ますか。
> 10,1 コーンに生まれ(生まれる)たこの命ラーメンに捧げ(捧げる)て
>   見せ(見せる)ましょ(ます)う。

❏ 완료

> 1,1 来(来る)た。
> 2,2 月見ちゃんがやってき(やってくる)た。

❏ 존속(=~ている・~てある : ~아(어) 있는)

> 4,3 その人に合っ(合う)た借り方や返し方が相談できる。

> 壁にかけた絵。

❏ た의 가정형 たら(~었(았)다면, ~다면)

> 8,2 こんな気持ちいいとこに住ん(住む)でたらさ、
>   頭痛なんかないよね。

文法

11

あれ、山田課長 代理 また 泊まったみたい。

夢の マイホーム 片道 三時間じゃね。

ごめんね。家 遠いもんで。

そんな あなたに Monthly レオパレス。

一ヶ月 単位の ルーム レンタル。

今 キャンペーン 実施中。

君。

あれ、山田課長 代理 また 泊まったみたい。

夢の マイホーム 片道 三時間じゃね。

ごめんね。家 遠いもんで。

そんな あなたに Monthly レオパレス。

一ヶ月 単位の ルーム レンタル。

今 キャンペーン 実施中。

君。

あれ	아니.
山田課長	やま·だ·か·ちょう 야마다 과장.
代理	だい·り 대리.
また	또.
泊まったみたい	とまっ·た·みたい 잔 것 같애.
	⇒泊まる(とまる 묵다. 숙박하다) ; -みたい(-것 같다)
夢	ゆめ 꿈.
マイホーム	まいほーむ 마이 홈. ⇒my home
片道	かた·みち 편도.
三時間じゃね	さん·じ·かん·じゃ·ね 세시간이어서는.
	⇒じゃ(=であっては)
ごめんね	ごめん·ね 미안해. ⇒御免(ごめん 미안. 죄송)
家	いえ 집.
遠いもんで	とおい·もん·で 멀어서. ⇒遠い(とおい 멀다)
	; -もんで(「-もので -(이)므로. 때문에」의 회화체)
そんな	그런. 그러한.
あなたに	あなた·に 당신에게.
Monthly	まんすり 한 달마다.
レオパレス	れおぱれす 레오팔레스. ⇒leopalace(leopard＋palace)
一ヶ月	いっ·か·げつ 한달. 1개월.
単位	たん·い 단위(로).
ルーム レンタル	るーむ·れんたる 룸 렌탈. 룸 임대. ⇒room rental
今	いま 지금.
キャンペーン	きゃんぺーん 캠페인. ⇒campaign
実施中	じっ·し·ちゅう 실시중.
君	きみ 자네. 너.

12

はい。

イタリア。アルバニア。

アラブ首長国連邦。

ウルグアイ。イギリス。スイス。

スロベニア。アルジェリア。

あ。アメリカまで 1分 30円。

国際電話 ００４１が大幅値下げ。

アメリカ。韓国。クロアチア。あ。

はい。

イタリア。アルバニア。

アラブ首長国連邦。

ウルグアイ。イギリス。スイス。

スロベニア。アルジェリア。

あ。アメリカまで 1分 30円。

国際電話 ００４１が大幅値下げ。

アメリカ。韓国。クロアチア。

あ。

はい	자(시작). 예.
イタリア	いたりあ 이탈리아.
アルバニア	あるばにあ 알바니아.
アラブ首長国連邦	あらぶ·しゅ·ちょう·こく·れん·ぽう 아랍에미레이트. UAE.
ウルグアイ	うるぐあい 우루구아이.
イギリス	いぎりす 영국(포르투갈어, Inglés).
スイス	すいす 스위스.
スロベニア	すろべにあ 슬로베니아.
アルジェリア	あるじぇりあ 알제리.
あ	아.
アメリカまで	あめりか·まで 아메리카.
1分	いっ·ぷん 1분.
30円	さん·じゅう·えん 30엔.
国際電話	こく·さい·でん·わ 국제전화.
0041が	ぜろ·ぜろ·よん·いち·が 0041이.
大幅	おお·はば 대폭. 큰 폭.
値下げ	ね·さげ 인하.
韓国	かん·こく 한국.
クロアチア	くろあちあ 크로아티아.

13

初めての 方の ２０１８１０ 。

アイフルでは 二十四時間

ご相談を お受けしております。

ご電話ください。

アイフル。

初めての 方の ２０１８１０ 。

アイフルでは 二十四時間

ご相談を お受けしております。

ご電話ください。

アイフル。

初めての	はじめて・の 처음인. 처음의.
方の	かた・の 분의. 사람의.
２０１８１０	に・ぜろ・いち・はち・いち・ぜろ
アイフルでは	あいふる・で・は 아이후루에서는.
二十四時間	に・じゅう・よ・じ・かん 24시간.
ご相談	ご・そう・だん 상담.
お受けしております	お・うけ・し・て・おり・ます 받고 있습니다.
	⇒受ける(うける 받다)
	; -ておる(「-ている -아/어/고 있다」 보다 자신을 낮춘 말)
ご電話ください	ご・でんわ・ください 전화 주십시오.
	⇒ください(-주십시오)

14

マイ ライン 選ぶなら 日本 テレコムにしよう。
どうして？
大人になったら 分かるって。
市内から 国際まで
いつまでも く安く。
マイ ラインは テレコムで
オッケー オッケーよ。

マイ ライン 選ぶなら 日本 テレコムにしよう。
どうして？
大人になったら 分かるって。
市内から 国際まで
いつまでも 安く。
マイ ラインは テレコムで
オッケー オッケーよ。

マイ ライン	まい・らいん 마이 라인. 내 전화. ⇒my line
選ぶなら	えらぶ・なら 선택한다면. ⇒-なら(-면)
日本テレコムに	にっ・ぽん・てれこむ・に 닛폰 텔레컴으로. ⇒telecom
しよう	し・よう 하자.
どうして	왜. 어째서.
大人になったら	おとな・に・なっ・たら 어른이 되면. ⇒-たら(-면)
分かるって	わかる・って 안다니까. 안다고.
	⇒-って('-니까'의 의미로 앞말의 뜻을 강조한다)
市内から	し・ない・から 시내부터.
国際まで	こく・さい・まで 국제까지.
いつまでも	いつ・まで・も 언제까지나.
安く	やすく 싸게. ⇒安い(やすい 싸다)
オッケー	おっけー 오케이. ⇒O.K. オーケー(おーけー)라고도 함.

15

ニューテスティモで 乾かない。

(m-floの歌)

ときめく キッスの 後でも 純真の ピンクで 乾かない。

私の 唇は 乾かない。

T'ESTIMOから 新ルージュ 誕生。

カネボウの お店へ。

ニューテスティモで 乾かない。

(m-floの歌)

ときめく キッスの 後でも 純真の ピンクで 乾かない。

私の 唇は 乾かない。

T'ESTIMOから 新ルージュ 誕生。

カネボウの お店へ。

乾かない	かわか・ない 마르지 않는다.
	⇒乾く(かわく 마르다) ; -ない(-지 않다)
歌	うた 노래.
ときめく	(기쁨이나 기대에) 가슴이 두근거리다. 가슴이 뛰다.
キッス	きっす 키스. ⇒kiss
後でも	あと・でも 뒤에도. 후에도. ⇒-でも(-에도)
純真	じゅん・しん 순진.
ピンク	ぴんく 핑크.
私	わたし 나. 저.
唇	くちびる 입술.
新ルージュ	しん・るーじゅ 새로운 루즈. 새 루즈.
誕生	たん・じょう 탄생.
カネボウ	かねぼう 카네보우. ⇒鐘紡(かね・ぼう)

16

男<ruby>おとこ<rt></rt></ruby>は 極秘任務<ruby>ごくひにんむ<rt></rt></ruby>を 帯<ruby>お<rt></rt></ruby>びた。

ターゲット エックスパート。

世界最大<ruby>せかいさいだい<rt></rt></ruby>の 陰謀<ruby>いんぼう<rt></rt></ruby>を 打<ruby>う<rt></rt></ruby>ち砕<ruby>くだ<rt></rt></ruby>くのは 彼<ruby>かれ<rt></rt></ruby>しかいない。

ウェスリ・スナイップス

ディ アート オブ ウォー。

信<ruby>しん<rt></rt></ruby>じられるのは 自分<ruby>じぶん<rt></rt></ruby>一人<ruby>ひとり<rt></rt></ruby>なのか。

男は 極秘任務を 帯びた。

ターゲット エックスパート。

世界最大の 陰謀を 打ち砕くのは 彼しかいない。

ウェスリ・スナイップス

ディ アート オブ ウォー。

信じられるのは 自分一人なのか。

男	おとこ 남자.
極秘任務	ごく·ひ·にん·む 극비 임무.
帯びた	おび·た 띠었다. ⇒帯びる(おびる 띠다)
ターゲット·エックスパート	たーげっと·えっくすぱーと Target Expert.
世界最大	せ·かい·さい·だい 세계 최대.
陰謀	いん·ぼう 음모.
打ち砕くのは	うち·くだく·の·は 때려 부수는 것은. ⇒打ち砕く(うちくだく 때려 부수다)
彼しかいない	かれ·しか·い·ない 그 밖에 없다. ⇒彼(かれ ユ, ユ 사람) ; -しか(-만/뿐/밖에) ; いる(있다) ; -ない(-지 않다)
ウェスリ·スナイップス	うぇすり·すないっぷす 웨슬리 스나입스.
ディ·アート·オブ·ウォー	でぃ·あーと·おぶ·うぉー 디 아트 오브 워. ⇒the art of war
信じられるのは	しん·じ·られる·の·は 믿을 수 있는 것은. ⇒信じる(しんじる 믿다) ; -られる(-할 수 있다. 가능을 나타낸다)
自分一人なのか	じ·ぶん·ひとり·な·の·か 자기 혼자인가. 자기뿐인가. ⇒一人(ひとり 혼자. 한 사람)

1. 연체사 (連体詞 れんたいし)

❏ 연체(連体)란 체언에 연결된다는 뜻으로 연체사 즉 체언을 꾸미는 말이라는 뜻이다. 우리말의 관형사 예를 들면, 「그(사람)/저(아이)/순(거짓말)/한(마을에)」 등과 같이 항상 체언 앞에 쓰이는 말과 같다.

1) 활용이 없다.
2) 자립어로서 주어나 술어가 되지 못 한다.
3) 연체수식어(連体修飾語)이다.

2,5 この秋も日本全国月見バーガー。

4,1 あの黄色い看板何？

4,3 その人に合っ(合う)た借り方や返し方が相談できる。

8,2 こんな気持ちいいとこに住ん(住む)でたらさ、
　　　頭痛なんかないよね。

10,1 コーンに生まれ(生まれる)たこの命ラーメンに捧げ(捧げる)て
　　　見せ(見せる)ましょ(ます)う。

11,4 そんなあなたにMonthlyレオパレス。

❏ 연체사의 종류

・この(이)	・その(그)	・あの(저)
・どの(어느)	・こんな(이런)	・そんな(그런)
・あんな(저런)	・どんな(어떤)	・大きな(큰)
・小さな(작은)	・おかしな(우스운)	・くだんの(전술한)
・例の(예의, 그, 저)	・ほんの(명색뿐인, 정말인)	
・わが(우리)	・ある(어느, 어떤)	・来たる(오는)
・さる(지난)	・あくる(그 다음의)	・あらゆる(모든)
・いかなる(어떠한)	・いわゆる(이른바, 소위)	
・思わざる(뜻하지 않은)	・たいした(대단한)	・とんだ(엉뚱한)

2. 격조사 **の · で · に · へ**

(1) の「~의 · ~의 것 · ~것 · ~이(가)」

❏ 단어(체언 또는 체언 상당 어구)와 단어 사이에 쓰여 앞 단어가 뒤 단어를 수식 한정하는 역할을 한다.「の」앞뒤의 단어 의미에 따라 해석이 달라진다.

1) 소속 · 소유 · 존재하는 장소 · 성질의 상태 · 재료 · 목적 · 관계 · 동격 등을 나타낸다.

2,4 月見バーガー<u>の</u>季節です。(목적:~のための)

5,5 アサリ<u>の</u>うまみ(うまい)いっぱい。(성질의 상태:~である)

5,6 はごろもアサリと野菜<u>の</u>パスタソース。(재료:~でできている)

6,8 初めてもらっ(もらう)た贈り物<u>の</u>こと覚え(覚える)てい(いる)ますか。
(관계:~에 관한:~に関する)

6,10 内祝いはシャディ<u>の</u>お店かサラダ館へ。(동격:~である · ~という)

11,2 夢<u>の</u>マイホームも片道三時間じゃね。(동격:~である · ~という)

11,5 一ヶ月単位<u>の</u>ルームレンタル。(분량 · 단위:分量 · 単位)

13,1 初めて<u>の</u>方<u>の</u>201810。(동격:~である · ~という)(목적:~のための)

15,2 m-flo<u>の</u>歌(소유:~に属する)

15,3 ときめくキッス<u>の</u>後でも純真<u>の</u>ピンクで乾か(乾く)ない。
(대상:対象)(성질의 상태:~である)

15,4 私<u>の</u>唇は乾か(乾く)ない。(소속:~に属する)

15,6 カネボウ<u>の</u>お店へ。(동격:~である · ~という)

16,3 世界最大<u>の</u>陰謀を打ち砕くのは彼しかい(いる)ない。
(성질의 상태:~である)

京都の友達。庭の桜。海辺のホテル。(장소)

2) 그 밖에 の는 행위자(~による)를 내타내기도 한다. 또한 주어 어절
(일본어에서는 문절〈文節〉이라고 함)에 쓰여 が에 해당하는 의미
를 나타내거나 「~のもの・~のこと」의 의미로 체언과 동일한 자격을
나타내며, 또한 병립의 뜻으로 쓰인다.

> ヘミングウェイの小説。(~による)
> セザンヌの絵。(~による)
> 26,3 うるおって気持のいい髪になる。(が)
> 私の選んだ本。(が)
> 広場には若いのも年とったのもいた。(人)
> チューリップは赤いのもあれば黄色いのもあった。(もの)
> そうするのは考えものだ。(こと)
> 行くの行かないのと騒いでいる。(병립)

(2) で 「~에서・~(으)로・~때문에」

1) 동작・작용이 행해지는 장소・시간을 나타낸다.

2) 수단・방법・도구・재료를 나타낸다.

3) 원인・이유를 나타낸다.

4) 주어 어절을 만든다.

> 1,3 学割で電話代半額。(방법)
> 8,4 サリドンは一錠で早く(早い)効き(効く)ます。(방법)
> 9,1 山田で欲張ら(欲張る)なくちゃ(ない)。(장소)
> 9,4 山田で買お(買う)う。(장소)

13,2 アイフル<u>で</u>は二十四時間ご相談をお受け(受ける)し(する)て
　　おり(おる)ます。(주어 어절)
14,5 マイラインはテレコム<u>で</u>オーケーオーケーよ。(장소)
15,1 ニューテスティモ<u>で</u>乾か(乾く)ない。(도구)
15,3 ときめくキッスの後でも純真のピンク<u>で</u>乾か(乾く)ない。
　　(원인·이유)

スーパーで買った牛肉。(장소)
東京駅で彼に会った。(장소)
二日でその仕事を終えた。(시간)
少年は7月2日で15歳になる。(시간)
スプーンでスープをかきまぜる。(수단·도구)
ペンで書く。(수단·도구)
英語で話す。(수단·도구)
辞書でその語を調べなさい。(수단·도구)
彼女は歌で生計をたてている。(수단·도구)
木で作った箱。(재료)
ミルクでチーズを作る。(재료)
寝不足で気分が悪かった。(원인·이유)
泥で汚れた靴。(원인·이유)
病気で行かれない。(원인·이유)
警察で原因を調べている。(주어 어절)

5) 그밖에 사람의 수·기준·수량을 나타내거나 시간의 한도·기한
을 나타낸다.

> このセーターを5,000円で買った。
> この国ではバターはポンドで売られる。
> 人を外見で判断してはいけない。
> 話し方でだれだか分かった。
> 1時間に4キロの割合で歩いた。
> りんごは5個で400円だった。
> 明日で願書受付は締切りになる。

(3) に 「~에·~(이)가·~하러·~으로·~께서」

1) 장소나 시간을 나타낸다.

2) 동작의 도달점이나 사물의 귀착점을 나타낸다.

3) 동작이나 작용(변화)의 결과를 나타낸다.

4) 동작의 목적을 나타낸다.

5) 비교의 기준이나 빈도를 나타낸다.

6) 병렬의 뜻을 나타낸다.

7) 동작과 작용의 원인과 이유를 나타낸다.

8) 동작의 상대방 또는 동작·작용의 대상을 나타낸다.

9) 강조의 뜻을 나타낸다.

10) 수동과 사역의 뜻을 지닌 동작의 주체를 나타낸다.

11) 주어를 존경하는 역할을 한다.

12) を 대신에 に를 동반하는 동사가 있으므로 주의해야 한다.

　(会う〈合う〉・乗る 등)

4,3　その人に合っ(合う)た借り方や返し方が相談できる。

　　（に를 동반하는 동사）

7,8　一つになるよ。(동작이나 작용(변화)의 결과)

8,2　こんな気持ちいいとこに住ん(住む)でたらさ、

　　頭痛なんかないよね。(장소)

8,5　一回一錠頭痛にサリドン。(원인과 이유)

10,1　コーンに生まれ(生まれる)たこの命ラーメンに捧げ(捧げる)て

　　　見せ(見せる)ましょ(ます)う。(동작이나 작용(변화)의 결과)

　　　(동작의 상대방)

11,4　そんなあなたにMonthlyレオパレス。(동작의 상대방)

14,1　マイライン選ぶなら日本テレコムにし(する)よう。(동작・작용의 대상)

14,3　大人になっ(なる)たら分かるって。(동작이나 작용(변화)의 결과)

姉は大阪に住んでいる。(장소)

もう家に入りなさい。(장소)

午前中に。3月に。江戸時代に。(시간)

彼は3年後に帰国するはずだ。(시간)

明日京都に行く。(방향・목적지)

九州に向けて発った。(방향・목적지)

昨日ローマに着いた。(방향・목적지)

旅行に出掛ける。(동작의 목적)

散歩に行く。(동작의 목적)

川へ釣り(泳ぎ)に行く。(동작의 목적)

父に似る。(비교의 기준・빈도)

それはこれに劣る。(비교의 기준·빈도)

兄に比べると背が低い。(비교의 기준·빈도)

この雑誌は1年に4回発行される。(비교의 기준·빈도)

10人に1人が試験に合格した。(비교의 기준·빈도)

鉛筆にノート。(병렬)

梅にうぐいす。(병렬)

うれしさに躍り上がった。(원인·이유)

寒さにふるえた。(원인·이유)

彼らは飢えに苦しんでいた。(원인·이유)

警報に驚いた。(원인·이유)

待ちに待った時が来た。(강조)

急ぎに急ぐ。(강조)

彼にだまされた。(동작의 주체)

あの男に財布を取られた。(동작의 주체)

それは誰に聞きましたか。(동작의 주체)

弟に行かせる。(동작의 주체)

皆々様にはお変りもなくお過ごしの事と存じます。(주어 존경)

先生にはお元気の事と存じます。(주어 존경)

電車に乗る。(に＋자동사)

山に登る。(に＋자동사)

南に向かう。(に＋자동사)

(4) へ 「~으로 · ~에」

1) 동작이 향하는 방향, 장소 또는 이동을 나타낸다.

2) 동작의 귀착점을 나타낸다.

3) 동작의 대상을 나타낸다.

> 6,10 内祝いはシャディのお店かサラダ館へ。(방향·장소·이동)
> 15,6 カネボウのお店へ。(방향·장소·이동)

> 彼は北へ向かった。(방향·장소·이동)
> 駅へ行く道で。(방향·장소·이동)
> 建物の中へ入る。(방향·장소·이동)
> 大阪(駅)へ着いた。(귀착점)
> 君への贈り物。(대상)
> 彼への愛。(대상)

☐ へ와 に의 차이 : へ는 동작이나 작용의 목표 지점을 향하므로 방향성이 중심인데 비해, に는 동작이나 작용의 귀착점인 목적지나 존재하는 장소가 중심이다.

> 京都に行く。(O)
> 京都へ行く。(O)
> 車が電柱にぶつかった。(O)
> 車が電柱へぶつかった。(X)

17

あの頃 働けることが 当たり前だと 思ってました。

頑張れる 今だから 忘れては いけないものがあります。

負けない体をつくること。

生命力を維持する ヤクルト４００。

あの頃 働けることが 当たり前だと 思ってました。

頑張れる 今だから 忘れては いけないものがあります。

負けない体をつくること。

生命力を維持する ヤクルト４００。

あの頃	あの·ころ 그 때. 그 쯤.
働ける	はたらける 일할 수 있다(가능동사). ⇒働く(はたらく 일하다)
こと	것.
が	이/가.
当たり前だ	あたり·まえ·だ 당연하다.
と	(라)고.
思ってました	おもって·まし·た 생각하고 있었습니다.
頑張れる	がんばれる 노력할 수 있다. 버틸 수 있다(가능동사). ⇒頑張る(がんばる 노력하다. 버티다)
今だから	いま·だ·から 지금이라서.
忘れては	わすれ·て·は 잊어서는.
いけない	안 된다.
もの	것.
が	이/가.
あります	あり·ます 있습니다.
負けない	まけ·ない 지지 않다.
体	からだ 몸.
を	을.
つくる	만들다.
生命力	せい·めい·りょく 생명력.
維持する	い·じ·する 유지하다.
ヤクルト	やくると 야쿠르트.
400	よん·ひゃく 400.

18

何か カレーの においがするよ
ママ。
え? ちゃんと 洗ってるのに...
本当だ。
そこで においを落とす
ファミリーピュア~。
この泡が においを包み込んで 分解。
これが ピュアだけの 消臭効果。もう においわないでしょう。
うん。あ~ん。
消臭効果があるのは
ファミリーピュア~。
スポンジの除菌もできて清潔。

何か カレーの においがするよ ママ。
え? ちゃんと 洗ってるのに... 本当だ。
そこで においを落とす
ファミリーピュア~。
この泡が においを包み込んで分解。
これが ピュアだけの 消臭効果。もう においわないでしょう。
うん。あ~ん。

消臭効果があるのは

ファミリーピュア～。

スポンジの除菌もできて清潔。

何か	なん·か	무엇인지. 뭔지.
カレーの	かれー·の	카레의.
においがするよ	におい·が·する·よ	냄새가 나는데.
ママ		엄마. 마마.
え?		뭐.
ちゃんと		잘. 정확히. 확실히.
洗ってるのに	あらっ·て·る·のに	닦았는데. 닦고 있는데.
本当だ	ほん·とう·だ	정말이다. 진짜네.
そこで		그래서.
においを	におい·を	냄새를.
落とす	おとす	없애다.
ファミリーピュア～	ふぁみりー·ぴゅあー	패밀리 퓨어. ⇒family pure
この泡が	この·あわ·が	이 거품이.
包み込んで	つつみ·こん·で	감싸서. ⇒包み込む(つつみこむ 싸넣다)
分解	ぶん·かい	분해.
これが	これ·が	이것이.
ピュアだけの	ぴゅあ·だけ·の	퓨어만의.
消臭効果	しょう·しゅう·こう·か	제취효과. 악취를 없애는 효과.
もう		더 이상. 이미. 벌써.
におわないでしょう	におわ·ない·でしょ·う	냄새가 안 나지?
うん		응.
あ～ん		아~앙.
あるのは	ある·の·は	있는 것은.
スポンジの	すぽんじ·の	스폰지의.
除菌も	じょ·きん·も	제균도.
できて	でき·て	가능해서⇒できる 가능하다. 할 수 있다.
清潔	せい·けつ	청결.

19

酢が 湯垢を 落とします。

お風呂の 湯垢を 落とします。

酢は 落とす。

あ、すっすっ 酢。 あ、スッスッ 酢。

お酢の 力で ぴかぴか。 キンチョー ティンクル。

酢が 湯垢を 落とします。

お風呂の 湯垢を 落とします。

酢は 落とす。

あ、すっすっ 酢。 あ、スッスッ 酢。

お酢の 力で ぴかぴか。 キンチョー ティンクル。

酢	す 식초.
湯垢	ゆ·あか 물때.
落とします	おとし·ます 없앱니다.
	⇒落とす(おとす 없애다. 떨어뜨리다) ; -ます(-ㅂ니다)
お風呂の	お·ふ·ろ·の 욕조의.
お酢	お·す 식초.
力で	ちから·で 힘으로. ⇒-で(-으로)
すっすっ	쑥쑥. 쓱쓱. 척척. ⇒スッスッ
ぴかぴか	번쩍 번쩍.
キンチョー ティンクル	きんちょ てぃんくる 킨쿄우 틴쿠루.
	⇒tinkle(딸랑딸랑. 따르릉)

20

有り難う。
切れ目を 入れた 本場の 鮭に 野菜を 挟んで 挟み焼き。
お~、旨い。
何か お母さんと お母さんの 挟み焼き。
まる。
白鶴 まる カップも まる。

有り難う。
切れ目を 入れた 本場の 鮭に
野菜を 挟んで 挟み焼き。
お~、旨い。
何か お母さんと お母さんの 挟み焼き。
まる。
白鶴 まる カップも まる。

有り難う	あり·がとう 고마워.
切れ目を	きれ·め·を 잘린 자국을. 끊어진 자국을.
入れた	いれ·た 넣었다. ⇒入れる(いれる 넣다)
切れ目を入れた	칼집을 냈다.
本場の	ほん·ば·の 본고장의. 본산지의.
鮭に	さけ·に 연어에. ⇒しゃけ라고도 함.
酒に	さけ·に 술에.
野菜を	や·さい·を 야채를.
挟んで	はさん·で 넣어서. ⇒挟む(はさむ 사이에 끼우다)
挟み焼き	はさみ·やき 하사미야키.
旨い	うまい 맛있다.
何か	なに·か 무언가. 뭔가.
お母さんと	おかあさん·と 어머니와.
お母さんの	おかあさん·の 어머니의.
まる	마루(동그라미).
白鶴	はく·つる 흰 두루미. 백학.
カップも	かっぷ·も 컵도. ⇒cup

1. 형용사(Ⅱ)

❑ 형용사의 활용

〈きいろ・い(黄色い)의 활용표〉

미연형 (未然形 みぜんけい)	きいろ・かろ	う	・きいろかろう(노랗겠지) ・きいろいだろう(노랗겠지)
연용형 (連用形 れんようけい)	きいろ・く きいろ・かっ	・ない ・なる ・て ・ても ・た ・たり	・きいろくない(노랗지 않다) ・きいろくなる(노랗게 되다・노래지다) ・きいろくて(노랗고・노래서) ・きいろくても(노래도) きいろかった(노랬다) ・きいろかったり(노랗거나)
종지형 (終止形 しゅうしけい)	きいろ・い	。	・きいろい(노랗다)
연체형 (連体形 れんたいけい)	きいろ・い	とき	・きいろいとき(노랄 때)
가정형 (仮定形 かていけい)	きいろ・けれ	ば	・きいろければ(노라면)
명형형 (命令形 めいれいけい)			

〈おいし・い(美味しい)의 활용표〉

미연형	おいし・かろ	う	・おいしかろう(맛있겠지) ・おいしいだろう(맛있겠지)
연용형	おいし・く おいし・かっ	・ない ・なる ・て ・ても ・た ・たり	・おいしくない(맛있지 않다) ・おいしくなる(맛있게 되다・맛있어지다) ・おいしくて(맛있고・맛있어서) ・おいしくても(맛있어도) おいしかった(맛있었다) ・おいしかったり(맛있거나)
종지형	おいし・い	。	・おいしい(맛있다)
연체형	おいし・い	とき	・おいしいとき(맛있는 때)
가정형	おいし・けれ	ば	・おいしければ(맛있으면)
명형형			

❑ 미연형은 う와 연결하여 추측(~ㄹ 것이다)을 나타낸다. 그러나 추측
은 현대어에서는 일반적으로 종지형(기본형)에 だろう를 연결시켜 나
타낸다.

黄色いだろう	おいしいだろう

❑ 연용형은 ない와 연결하여 부정(~지 않다)을 나타내며, た와 연결하
여 과거(-었다/-았다)를 나타낸다.

❏과거부정(~지 않았다)은 보조형용사 ない를 사용하여 어미 い를 く로 바꾸고 ない의 과거형 なかった를 연결하여 나타낸다.

> 黄色くなかった　　　　　　　おいしくなかった

❏과거부정의 공손형은 과거부정형에 です를 연결한다.

> 黄色くなかったです　　　　　おいしくなかったです

❏형용사 어미 연용형 く의 여러 가지 용법

　1) 형용사를 부사화한다

> 8,4 サリドンは一錠で早く(早い)効き(効く)ます。
> 14,4 市内から国際までいつまでも安く(安い)。

　2) 중지법(中止法)으로 쓰인다.

　　　ⓐ성질・상태의 나열(~하고)을 나타낸다

> あさりは安く、おいしい。
> 市内電話は安く、国際電話は高い。
> あの山は高く、この山は低い。

　3) なる와 연결되어 상황 또는 성질의 변화를 나타낸다

> 遠くなる　　　　　うまくなる　　　　　よくなる

4) 접속조사 て와 연결되어 ⓐ성질·상태의 나열(~하고)이나 ⓑ원인
  ·이유(~해서)를 나타낸다

> アサリは安くておいしい。(ⓐ)
> 山田課長代理、家が遠くて泊まったみたい。(ⓑ)

❑형용사의 명사화

형용사를 명사로 만드는 방법에는 일반적으로 형용사 어간에 さ를
붙인다. 일부의 형용사는 형용사 어간에 み를 붙이기도 한다.

> 黄色い → 黄色さ　　美味しい → 美味しさ　　痛い → 痛さ
> うまい → うまさ　　安い → 安さ　　　　　遠い → 遠さ
> うまい → うまみ　　重い → 重み　　　　　深い → 深み

❑형용사의 음편 (音便 おんびん)

형용사의 연용형 く 뒤에 ございます나 ぞんじます(~게 여깁니다·~게
생각합니다)가 오면 연용형 く가 う로 바뀌는 것을 말한다.

> やすい　　　→　やす<u>う</u>ございます　　　やす<u>う</u>ぞんじます
> おもしろい　→　おもしろ<u>うございます</u>　　おもしろ<u>うぞんじます</u>

어간 마지막 음절의 모음이 [a]일 경우 [a]가 [o]로 바뀌어 「う[u]」와 함께 장모음인 [o:]로 변한다.

> ありがたい → ありがとうございます　　ありがとうぞんじます
> 　　　　　　　　（[ta+u]＞[to:]）
> はやい　　→ おはようございます　　　はようぞんじます
> 　　　　　　　　（[ja+u]＞[jo:]）

어간 마지막 음절의 모음이 [i]일 경우 [i]가 [ju]로 바뀌어 「う[u]」와 함께 장모음인 [ju:]로 변한다.

> おいしい　→ おいしゅうございます　　おいしゅうぞんじます
> 　　　　　　　　（[si+u]＞[sju:]）
> おおきい → おおきゅうございます　　おおきゅうぞんじます
> 　　　　　　　　（[ki+u]＞[kju:]）

🔗 주의

가정형 중 いい는 いければ가 아니라 よい를 써서 よければ가 된다. いい는 종지형과 연체형뿐이다. 즉 いい는 활용형의 형태가 「いい」 밖에 없다.

> ・よかろう・よいだろう・いいだろう
> ・よくない・よくなる・よくて・よくても・よかった・よかったり
> ・よい・いい　　　　・よいとき・いいとき　　　・よければ

〈형용사〉

1,2 学生さんは金が<u>ない</u>。

3,3 <u>痛く</u>(痛い)<u>ない</u>。

4,1 あの<u>黄色い</u>看板何？

4,7 <u>黄色い</u>看板プロミス。

5,1 アサリがいっぱいパスタが<u>うまい</u>。

5,2 かけ(かける)て食べれ(食べる)ばパスタが<u>うまい</u>。

5,3 アサリがいっぱいパスタが<u>うまい</u>。

5,4 かけ(かける)て食べれ(食べる)ばパスタが<u>うまい</u>。

6,2 <u>いい</u>よ。

6,4 <u>いい</u>よ。

6,6 <u>いい</u>って。

8,2 こんな気持ち<u>いい</u>とこに住ん(住む)でたらさ、
　　 頭痛なんか<u>ない</u>よね。

8,3 だってスイスだし、空気が超<u>おいしい</u>。

8,4 サリドンは一錠で<u>早く</u>(早い)効き(効く)ます。

9,3 今なら暖房商品が全品<u>安い</u>。

11,3 ごめんね家<u>遠い</u>もんで。

14,4 市内から国際までいつまでも<u>安く</u>(安い)。

20,3 お〜、<u>うまい</u>。

❏다음 형용사를 활용시켜 보자.

青い	美味しい	少ない	速い
赤い	多い	涼しい	低い
明るい	大きい	狭い	広い
暖かい・温かい	遅い	高い(高い山)	太い
新しい	重い	高い(値段が高い)	古い
厚い	面白い	楽しい	細い
暑い	辛い	小さい	不味い
熱い	軽い	近い	丸い・円い
危ない	可愛い	冷たい	短い
甘い	黄色い	強い	難しい
良い	汚い	遠い	易しい
忙しい	暗い	無い	安い
痛い	黒い	長い・永い	弱い
薄い	寒い	温い	若い
煩い	白い	早い	悪い

2. 동사(動詞 どうし)의 종류

❏동사는 사람이나 사물의 동작・작용・존재 등을 나타내는 품사이다.

1) 활용한다.

2) 자립어로 단독으로 술어가 될 수 있다.

3) 기본형은 어미의 모음이 ウ단 음으로 끝난다.

(1) 상1단동사(上一段動詞 かみいちだんどうし:2류동사)

❏ 어미가 る로 끝나며, る 바로 앞에 오는 음의 모음이 イ단 음으로 이루어진 동사를 말한다. ☞ **[i]+る**

> 4,3 その人に合っ(合う)た借り方や返し方が相談できる。
> 4,4 相談できるの？
> 6,8 初めてもらっ(もらう)た贈り物のこと覚え(覚える)てい(いる)ますか。
> 16,1 男は極秘任務を帯び(帯びる)た。
> 16,3 世界最大の陰謀を打ち砕くのは彼しかい(いる)ない。
> 16,5 信じ(信じる)られるのは自分一人な(だ)のか。
> 18,2 え？ちゃんと洗っ(洗う)てるのに...本当だ。
> 18,10 スポンジの除菌もでき(できる)て清潔。

(2) 하1단동사(下一段動詞 しもいちだんどうし:2류동사)

❏ 어미가 る로 끝나며, る 바로 앞에 오는 음의 모음이 エ단 음으로 이루어진 동사를 말한다. ☞ **[e]+る**

> 5,2 かけ(かける)て食べれ(食べる)ばパスタがうまい。
> 5,4 かけ(かける)て食べれ(食べる)ばパスタがうまい。
> 6,8 初めてもらっ(もらう)た贈り物のこと覚え(覚える)てい(いる)ますか。
> 10,1 コーンに生まれ(生まれる)たこの命ラーメンに捧げ(捧げる)て見せ(見せる)ましょ(ます)う。
> 13,2 アイフルでは二十四時間ご相談をお受け(受ける)し(する)ており(おる)ます。
> 17,2 頑張れる(頑張る)今だから忘れ(忘れる)てはいけないものがあります。
> 17,3 負け(負ける)ない体をつくること。
> 20,2 切れ目を入れ(入れる)た本場の鮭に野菜を挟ん(挟む)で挟み焼き。

(3) 5단동사(五段動詞 ごだんどうし:1류동사)

☐ 상1단동사와 하1단동사를 제외한 모든 동사를 말한다(단, 변격동사
와 불규칙동사는 제외). 즉, [i]+る와 [e]+る **이외의 동사**를 말한다.

〈5단 동사〉

3,5 ハーット暖まる。

4,3 その人に合っ(合う)た借り方や返し方が相談できる。

6,1 やるよ。

6,3 やるって。

6,5 やるって。

6,7 やる。

6,8 初めてもらっ(もらう)た贈り物のこと覚え(覚える)てい(いる)ますか。

6,9 贈る気持ち大切に(大切)。

7,8 一つになるよ。

8,2 こんな気持ちいいとこに住ん(住む)でたらさ、頭痛なんかないよね。

8,4 サリドンは一錠で早く(早い)効き(効く)ます。

9,1 山田で欲張ら(欲張る)なくちゃ(ない)。

9,2 行か(行く)なきゃ(ない)買わ(買う)なきゃ(ない)暖房フェア。

9,4 山田で買お(買う)う。

9,5 買お(買う)う。

9,6 買お(買う)う。

11,1 あれ、山田課長代理また泊まっ(泊まる)たみたい。

13,2 アイフルでは二十四時間ご相談をお受け(受ける)し(する)ており(お
る)ます。

14,1 マイライン選ぶなら日本テレコムにし(する)よう。

14,3 大人になっ(なる)たら分かるって。

15,1 ニューテスティモで乾か(乾く)ない。

15,3 ときめくキッスの後でも純真のピンクで乾か(乾く)ない。

15,4 私の唇は乾か(乾く)ない。

17,1 あの時働ける(働く)ことが当たり前だと思っ(思う)てまし(ます)た。

17,2 頑張れる(頑張る)今だから忘れ(忘れる)てはいけないものがあり(ある)ます。

17,3 負け(負ける)ない体をつくること。

18,2 え？ちゃんと洗っ(洗う)てるのに...本当だ。

18,3 そこでにおいを落とすファミリーピュア。

18,4 この泡がにおいを包み込ん(包み込む)で分解。

18,6 もうにおわ(におう)ないでしょ(です)う。

18,9 消臭効果があるのはファミリーピュア。

19,1 酢が湯垢を落とし(落とす)ます。

19,2 お風呂の湯垢を落とし(落とす)ます。

19,3 酢は落とす。

20,2 切れ目を入れ(入れる)た本場の鮭に野菜を挟ん(挟む)で挟み焼き。

(4) 변격동사(変格動詞　へんかくどうし:3류동사)

❏ 변격동사에는 来る와 する 두 동사만이 있다.

1,1 来(来る)た。

2,2 月見ちゃんがやってき(やってくる)た。

13,2 アイフルでは二十四時間ご相談をお受け(受ける)し(する)ており(おる)ます。

14,1 マイライン選ぶなら日本テレコムにし(する)よう。

17,4 生命力を維持するヤクルト400。

18,1 何かカレーのにおいがするよママ。

□다음 동사의 종류를 구분해 보자.

会う	返す	立つ	入る
開く	帰る	頼む	穿く·履く
開ける	掛かる	食べる	始まる
上げる·挙げる	書く·描く	違う	走る
遊ぶ	掛ける(眼鏡をかける)	使う	働く
浴びる	掛ける(電話をかける)	疲れる	話す
洗う	貸す	着く	貼る
在る(존재)	被る	作る	晴れる
有る(소유)	借りる	点ける	引く
歩く	消える	勤める	弾く
言う	聞く	出来る	吹く
行く	切る·斬る	出る	降る
居る	着る	飛ぶ	曲がる
要る	曇る	止まる	待つ
入れる	消す	取る	磨く
歌う	答える	撮る	見せる
生まれる	困る	鳴く	見る
売る	咲く	無くす	持つ
起きる	さす(傘をさす)	習う	休む
置く	閉まる	並ぶ	遣る(仕事をやる)
教える	閉める	並べる	呼ぶ
押す	締める	為る(春になる)	読む
覚える	知る	脱ぐ	分かる
泳ぐ	吸う	寝る	忘れる
降りる	住む	登る	渡す
終わる	座る	飲む	渡る
買う	出す	乗る	

3. 지시어(지시대명사 指示代名詞 しじだいめいし · 인칭대명사 人稱代名詞 にんしょうだいめいし)

❏ 지시대명사와 인칭대명사를 표로 제시하면 다음과 같다.

〈지시대명사〉

	근칭	중칭	원칭	부정칭
사물	これ	それ	あれ	どれ・なに
장소	ここ	そこ	あそこ	どこ
방향	こちら・こっち	そちら・そっち	あちら・あっち	どちら・どっち

〈인칭대명사〉

1인칭	2인칭	3인칭	부정칭
わたし(私) わたくし(私) ぼく(僕) おれ わたしたち われわれ	あなた きみ(君) おまえ(お前) あなたたち あなたがた きみたち	かれ(彼) かのじょ(彼女)	だれ(誰) どなた

3,4 僕新人だから。

4,1 あの黄色い看板何？

11,4 そんなあなたにMonthlyレオパレス。

11,7 君。

15,4 私の唇は乾か(乾く)ない。

16,3 世界最大の陰謀を打ち砕くのは彼しかい(いる)ない。

18,5 これがピュアだけの消臭効果。

4. 격조사 の 「~것」

❏ 격조사 の에는 「~のもの・~のこと」의 의미로 체언과 동일한 자격을 나타내는 용법이 있다.

4,5 そうだんです。

16,3 世界最大の陰謀を打ち砕くのは彼しかい(いる)ない。

16,5 信じ(信じる)られるのは自分一人な(だ)のか。

18,9 消臭効果があるのはファミリーピュア。

5. 감동사(感動詞 かんどうし:감탄사)

❏ 감동사는 감동(기쁨・분노・슬픔・즐거움・놀라움・공포 등)이나 응답・부름・인사 등을 나타내는 말이다.

1) 활용이 없다

2) 자립어로 주어・술어・수식어가 되지 못하며 수식을 받지도 못한다.

3) 독립해서 쓰이며 단독으로 문장이 된다.

   3-1) 감동: あ・ああ・まあ・え・おお 등

   3-2) 부름: もしもし・ちょっと・よう・こら・おい 등

   3-3) 대답: はい・ええ・いいえ・いや・うん 등

   3-4) 인사: おはよう・こんにちは・さようなら 등

11,1 <u>あれ</u>、山田課長代理また泊まっ(泊まる)たみたい。(감동)

12,10 <u>あ</u>。(감동)

12,16 <u>あ</u>。(감동)

18,2 <u>え</u>？ちゃんと洗っ(洗う)てるのに...本当だ。(감동)

18,7 <u>うん</u>。(대답)

18,8 <u>あ～ん</u>。(감동)

19,4 <u>あ</u>、酢酢酢　<u>あ</u>、酢酢酢。(감동)

20,1 <u>有り難う</u>。(인사)

20,3 <u>お～</u>、うまい。(감동)

---

6. 격조사 を「~을/를」

❏ 연용수식어를 만든다.

  1) 동작의 대상・목적을 나타낸다.

  2) 경과하는 장소(지역)・시간을 나타낸다.

  3) 동작의 출발점(起点)을 나타낸다.

  4) 사역의 뜻을 지니고 있는 동작(동사)의 주체를 나타낸다.

13,2 アイフルでは二十四時間ご相談<u>を</u>お受け(受ける)し(する)ており(お
  る)ます。(대상·목적)
16,1 男は極秘任務<u>を</u>帯び(帯びる)た。(대상·목적)
16,3 世界最大の陰謀<u>を</u>打ち砕くのは彼しかい(いる)ない。(대상·목적)
17,3 負け(負ける)ない体<u>を</u>つくること。(대상·목적)
17,4 生命力<u>を</u>維持するヤクルト４００。(대상·목적)
18,3 そこでにおい<u>を</u>落とすファミリーピュア。(대상·목적)
18,4 この泡がにおい<u>を</u>包み込ん(包み込む)で分解。(대상·목적)
19,1 酢が湯垢<u>を</u>落とし(落とす)ます。(대상·목적)
19,2 お風呂の湯垢<u>を</u>落とし(落とす)ます。(대상·목적)
20,2 切れ目<u>を</u>入れ(入れる)た本場の鮭に野菜<u>を</u>挟ん(挟む)で挟み焼き。
  (대상·목적)(대상·목적)

列車は利根川を渡った。(장소)
飛行機はパリ上空を飛んだ。(장소)
夏休みを海外旅行で過ごした。(시간)
8時にホテルを出た。(출발점)
大学を出ても職はなかった。(출발점)
ドアを開けさせる。(동작의 주체)
少年はおもちゃの汽車を走らせていた。(동작의 주체)
子供を騒がせるな。(동작의 주체)

7. 정중의 조동사 **ます**(Ⅰ)「~(ㅂ)니다」

❑ 말하는 사람이 듣는 사람에게 공손한 뜻을 나타낸다.

> 6,8 初めてもらっ(もらう)た贈り物のこと覚え(覚える)てい(いる)ますか。
>
> 8,4 サリドンは一錠で早く(早い)効き(効く)ます。
>
> 10,1 コーンに生まれ(生まれる)たこの命ラーメンに捧げ(捧げる)て見せ(見せる)ましょ(ます)う。
>
> 13,2 アイフルでは二十四時間ご相談をお受け(受ける)し(する)ており(おる)ます。
>
> 17,1 あの時働ける(働く)ことが当たり前だと思っ(思う)てまし(ます)た。
>
> 19,1 酢が湯垢を落とし(落とす)ます。
>
> 19,2 お風呂の湯垢を落とし(落とす)ます。

8. 과거·완료의 조동사 **た**(Ⅱ)「~었(았)다」

❑ 용언, 조동사의 연용형에 접속

〈た의 활용표〉

미연형	たろ	う
연용형		
종지형	た	。
연체형	た	とき
가정형	たら	(ば)
명령형		

〈た〉

1,1 来(来る)た。
2,2 月見ちゃんがやってき(やってくる)た。
4,3 その人に合っ(合う)た借り方や返し方が相談できる。
6,8 初めてもらっ(もらう)た贈り物のこと覚え(覚える)てい(いる)ますか。
10,1 コーンに生まれ(生まれる)たこの命ラーメンに捧げ(捧げる)て見せ
　　　(見せる)ましょ(ます)う。
11,1 あれ、山田課長代理また泊まっ(泊まる)たみたい。(종지형)
16,1 男は極秘任務を帯び(帯びる)た。
17,1 あの時働ける(働く)ことが当たり前だと思っ(思う)てまし(ます)た。
20,2 切れ目を入れ(入れる)た本場の鮭に野菜を挟ん(挟む)で挟み焼き。

〈たら〉

8,2 こんな気持ちいいとこに住ん(住む)でたらさ、頭痛なんかないよね。
14,3 大人になっ(なる)たら分かるって。

□た의 미연형의 예

たろう: きたろう・合ったろう・もらったろう・泊まったろう・帯びたろ
　　　　う・入れたろう・住んだろう・なったろう
ただろう: きただろう・合っただろう・もらっただろう・泊まっただろ
　　　　う・帯びただろう・入れただろう・住んだだろう・なっただろう

9. 부정(打消 うちけし)의 조동사 ない(ぬ · ん) 「~지 않다 · ~하지 않는다」

〈ない의 활용표〉

미연형	なかろ	う
연용형	なかっ なく	た なる
종지형	ない	。
연체형	ない	とき
가정형	なけれ	(ば)
명령형		

❑ 동사, 동사형 활용의 조동사의 미연형에 접속

1) 추측을 나타내는 미연형의 なかろう는 별로 쓰이지 않는 대신에 주로 ないだろう 또는 ないであろう를 사용한다.

2) 동사 ある에는 부정의 조동사 ない가 연결되지 못 한다(あらない X). ある의 부정은 ない이기 때문이다.

9,1 山田で欲張ら(欲張る)なくちゃ(ない)。(＝なくては)

9,2 行か(行く)なきゃ(ない)買わ(買う)なきゃ(ない)暖房フェア。(＝なければ)

15,1 ニューテスティモで乾か(乾く)ない。

15,3 ときめくキッスの後でも純真のピンクで乾か(乾く)ない。

15,4 私の唇は乾か(乾く)ない。

16,3 世界最大の陰謀を打ち砕くのは彼しかい(いる)ない。

17,3 負け(負ける)ない体をつくること。

18,6 もうにおわ(におう)ないでしょ(です)う。＜もうにおわないだろう。＞

□ 주의:형용사 ない와 보조형용사 ない

> 1,2 学生さんは金が<u>ない</u>。
> 3,3 痛く(痛い)<u>ない</u>。
> 8,2 こんな気持ちいいとこに住ん(住む)でたらさ、頭痛なんか<u>ない</u>よね。

10. 존재를 나타내는 **ある**와 **いる** 「~이/가 있다」

□ ある:움직이지 않는 사물 또는 무생물의 존재를 나타낸다.

□ いる:사람이나 동물 등 움직이는 사물의 존재를 나타낸다.

〈ある와 いる〉

	사물/무생물	사람/동물	
현재	・ある ・あります	・いる ・います	・있다 ・있습니다
과거	・あった ・ありました	・いた ・いました	・있었다 ・있었습니다
현재 부정	・ない ・ありません	・いない ・いません	・없다 ・없습니다
과거 부정	・なかった ・ありませんでした	・いなかった ・いませんでした	・없었다 ・없었습니다

〈ある〉

> 17,2 頑張れる(頑張る)今だから忘れ(忘れる)てはいけないものがあり(ある)ます。
> 18,9 消臭効果が<u>ある</u>のはファミリーピュア。

〈いる〉

6,8 初めてもらっ(もらう)た贈り物のこと覚え(覚える)てい(いる)ますか。
　(보조동사)
16,3 世界最大の陰謀を打ち砕くのは彼しかい(いる))ない。
18,2 え？ちゃんと洗っ(洗う)てる(いる)のに…本当だ。(보조동사)

門の前に人がいる。(O)	門の前に人がある。(X)
門のところに犬がいる。(O)	門のところに犬がある。(X)
駅前にタクシーがいる。(O)	駅前にタクシーがある。(X)
妹は大阪にいる。(O)	妹は大阪にある。(X)
門のところに松の木がいる。(X)	門のところに松の木がある。(O)
机の上にワープロがいる。(X)	机の上にワープロがある。(O)
空に雲がいる。(X)	空に雲がある。(O)
才能がいる。(X)	才能がある。(O)
体重が六〇キロいる。(X)	体重が六〇キロある。(O)

☞ 사람의 경우 소유의 의미로 ある를 사용할 수 있으나 구체적인 이름
이 있을 때는 いる를 사용한다.

兄弟がいる。(O)	**兄弟**がある。(O)
私には弟がいます。(O)	私には弟があります。(O)
私には**弟の一郎**がいます。(O)	私には**弟の一郎**があります。(X)

실용일본어와

제4장 21~24

文法

21

何だか 天気がいいので、
ジゴロウとデートに出かけた。
四角い窓からキスすると、
私の時間が絵に変わる。
ね? ジゴロウ。
軽い。簡単。だけど すごい。
キャノン イオス キス Ⅲ。
いいキスできた。

何だか 天気がいいので、
ジゴロウとデートに出かけた。
四角い窓からキスすると、
私の時間が絵に変わる。
ね? ジゴロウ。
軽い。簡単。だけど すごい。
キャノン イオス キス Ⅲ。
いいキスできた。

何だか	なん·だ·か 왠지.
天気が	てん·き·が 날씨가.
いい	좋다.
ので	-므로. -때문에.
ジゴロウ	じごろう 지고로우.
と	와/과.
デート	でーと 데이트.
に	-하러.
出かけた	でかけ·た 나갔다. ⇒出かける(でかける 나가다. 외출하다)
四角い	し·かく·い 네모다랗다.
窓	まど 창. 창문.
から	-로부터.
キスすると	きす·する·と 키스하자. 키스하니.
私の	わたし·の 나의.
時間が	じ·かん·が 시간이.
絵に	え·に 그림으로.
変わる	かわる 바뀌다. 변하다.
ね?	그렇지?
軽い	かるい 가볍다.
簡単	かん·たん 간단(하다).
だけど	하지만.
すごい	대단하다.
キャノン	きゃのん 캐논.
イオス	いおす 이오스.
できた	でき·た 만들어졌다. 완성되었다.
	⇒できる(만들어지다. 완성되다)

22

パ パ パワーウォーター。

手のひらで水になる。水になった。

ベタつかない。なるほど。

髪をハードにキープ。

パワーウォーター エフイン。

パ パ パワーウォーター。

新発売。ライオンから。

パ パ パワーウォーター。

手のひらで水になる。水になった。

ベタつかない。なるほど。

髪をハードにキープ。

パワーウォーター エフイン。

パ パ パワーウォーター。

新発売。ライオンから。

パワーウォーター	ぱわー・うぉーたー	파워 워터.
手のひらで	てのひら・で	손바닥에서.
水になる	みず・に・なる	물이 되다.
水になった	みず・に・なっ・た	물이 되었다. ⇒なる(되다)
ベタつかない	ベタつか・ない	끈적이지 않는다. ⇒ベタつく(끈적이다)
なるほど		정말.
髪を	かみ・を	머리카락을.
ハードに	はーど・に	하드하게.
キープ	きーぷ	유지. ⇒keep
エフイン	えふいん	에프인
ライオンから	らいおん・から	라이온으로부터.

23

突然 そして 思いがけない
大きさで やってくる地震。
日ごろの備えと 備える心が
あなたを地震から守ります。

突然 そして 思いがけない
大きさで やってくる地震。
日ごろの備えと 備える心が
あなたを地震から守ります。

突然	とつ·ぜん 갑자기. 돌연.
そして	그리고.
思いがけない	おもいがけない 생각지 않다. 뜻밖이다. 의외다.
大きさで	おおきさ·で 크기로.
やってくる	다가 오다.
地震	じ·しん 지진.
日ごろの	ひごろ·の 보통 때의. 평상시의.
備えと	そなえ·と 대비와.
備える	そなえる 대비하다.
心が	こころ·が 마음이.
あなたを	あなた·を 당신을.
地震から	じ·しん·から 지진으로부터.
守ります	まもり·ます 지킵니다. ⇒守る(지키다)

24

水の 中は 楽しい。

それを 私らしく 伝えたい。

自分の カラーを 発信しよう。

カラーで 送れる。

コピーも とれる。

キャノン 新カラーファクスフォン。

嬉しい。

水の 中は 楽しい。

それを 私らしく 伝えたい。

自分の カラーを 発信しよう。

カラーで 送れる。

コピーも とれる。

キャノン 新カラーファクスフォン。

嬉しい。

水	みず 물.
中	なか 속. 안.
楽しい	たのしい 즐겁다.
それ	그것.
私らしく	わたし・らしく 나답게. ⇒-らしい(-답다)
伝えたい	つたえ・たい 전하고 싶다. ⇒伝える(つたえる 전하다) ; -たい(-고 싶다)
自分の	じ・ぶん・の 자신의.
カラー	からー 색깔. 칼러. ⇒color
発信しよう	はっ・しん・し・よう 보내자. 발신하자.
カラーで	からー・で 칼러로.
送れる	おくれる 보낼 수 있다(가능동사). ⇒送る(おくる 보내다)
コピーも	こぴー・も 복사본도. 카피도. ⇒copy
とれる	とれる 카피할 수 있다. 찍을 수 있다(가능동사). ⇒撮る(とる 찍다)
キャノン	きゃのん 캐논. ⇒Canon
新カラーファクスホン	しん・からー・ふぁくす・ほん 새 칼러 팩스폰.
嬉しい	うれしい 기쁘다.

1. 동사의 활용

❏ 상1단동사[i]＋る)

　상1단동사는 동사의 종류에서 「기본형은 어미의 모음이 ウ단 음으로 끝난다」고 하였는데 ウ단 음을 중심으로 위쪽에 있는 イ단 한 개의 단(上1段)으로 활용하는 동사이다.

〈信じる의 활용표〉

미연형	信じ	・ない ・させる ・よう	・信じない(믿지 않다) ・信じさせる(믿게 만들다) ・信じよう(믿자・믿겠다・믿겠지)
연용형	信じ	・た ・ます	・信じた(믿었다) ・信じます(믿습니다)
종지형	信じる	。	・信じる(믿다)
연체형	信じる	とき	・信じるとき(믿을 때)
가정형	信じれ	ば	・信じれば(믿으면)
명령형	信じ	ろ(よ)	・信じろ(믿어라) ・信じよ(믿어라)

〈いる의 활용표〉

미연형	い	·ない ·させる ·よう	·いない(있지 않다=없다) ·いさせる(있게 만들다〈하다〉) ·いよう(있자·있겠다·있겠지)
연용형	い	·た ·ます	·いた(있었다) ·います(있습니다)
종지형	いる	。	·いる(있다)
연체형	いる	とき	·いるとき(있을 때)
가정형	いれ	ば	·いれば(있으면)
명령형	い	·ろ ·よ	·いろ(있어라) ·いよ(있어라)

〈帯びる의 활용표〉

미연형	帯び	·ない ·させる ·よう	·帯びない(띠지 않다) ·帯びさせる(띠게 만들다) ·帯びよう(띠자·띠겠다·띠겠지)
연용형	帯び	·た ·ます	·帯びた(띠었다) ·帯びます(띱니다)
종지형	帯びる	。	·帯びる(띠다)
연체형	帯びる	とき	·帯びるとき(띨 때)
가정형	帯びれ	ば	·帯びれば(띠면)
명령형	帯び	ろ·よ	·帯びろ(띠어라) ·帯びよ(띠어라)

〈상1단 동사〉

4,3 その人に合っ(合う)た借り方や返し方が相談できる。

4,4 相談<u>できる</u>の?

6,8 初めてもらっ(もらう)た贈り物のこと覚え(覚える)<u>てい(いる)</u>ますか。

8,2 こんな気持ちいいとこに住ん(住む)<u>で(いる)</u>たらさ、頭痛なんかない
　　　よね。

16,1 男は極秘任務を<u>帯び(帯びる)</u>た。

16,3 世界最大の陰謀を打ち砕くのは彼し<u>かい(いる)</u>ない。

16,5 <u>信じ(信じる)</u>られるのは自分一人な<u>(だ)</u>のか。

17,1 あの時働ける(働く)ことが当たり前だと思っ(思う)<u>て(いる)</u>まし(ま
　　　す)た。

18,2 え?ちゃんと洗っ(洗う)てる<u>(いる)</u>のに...本当だ。

18,10 スポンジの除菌も<u>でき(できる)</u>て清潔。

21,8 いいキス<u>でき(できる)</u>た。

□ 하1단동사([e]+る)

　하1단동사는 ウ단 음을 중심으로 아래쪽에 있는 エ단 한 개의 단(下1
段)으로 활용하는 동사이다.

〈食べる의 활용표〉

미연형	食べ	・ない ・させる ・よう	・食べない(먹지 않다) ・食べさせる(먹게 만들다) ・食べよう(먹자・먹겠다・먹겠지)
연용형	食べ	・た ・ます	・食べた(먹었다) ・食べます(먹습니다)
종지형	食べる	。	・食べる(먹다)
연체형	食べる	とき	・食べるとき(먹을 때)
가정형	食べれ	ば	・食べれば(먹으면)
명령형	食べ	ろ・よ	・食べろ(먹어라) ・食べよ(먹어라)

5,2 かけ(かける)て食べれ(食べる)ばパスタがうまい。

5,4 かけ(かける)て食べれ(食べる)ばパスタがうまい。

6,8 初めてもらっ(もらう)た贈り物のこと覚え(覚える)てい(いる)ますか。

10,1 コーンに生まれ(生まれる)たこの命ラーメンに捧げ(捧げる)て見せ(見せる)ましょ(ます)う。

13,2 アイフルでは二十四時間ご相談をお受け(受ける)し(する)ており(おる)ます。

17,2 頑張れる(頑張る)今だから忘れ(忘れる)てはいけないものがあります。

17,3 負け(負ける)ない体をつくること。

20,2 切れ目を入れ(入れる)た本場の鮭に野菜を挟ん(挟む)で挟み焼き。

21,1 何だか天気がいいので、ジゴロウとデートに出かけ(出かける)た。

23,2 日ごろの備えと備える心があなたを地震から守り(守る)ます。

24,2 それを私らしく(らしい)伝え(伝える)たい。

❏5단동사([i/e]+る 이외)

5단동사는 ア・イ・ウ・エ・オ 다섯 개의 단 모두로 활용(변화)하는 동사이다.

〈選ぶ의 활용표〉

미연형	選ば·ぼ	・ない ・せる ・う	・選ばない(고르지 않다) ・選ばせる(고르게 만들다) ・選ぼう(고르자·고르겠다·고르겠지)
연용형	選び	・た ・ます	・選んだ(골랐다) ・選びます(고릅니다)
종지형	選ぶ	。	・選ぶ(고르다)
연체형	選ぶ	とき	・選ぶとき(고를 때)
가정형	選べ	ば	・選べば(고르면)
명령형	選べ		・選べ(골라라)

〈買う의 활용표〉

미연형	買わ·買お	・ない ・せる ・う	・買わない(사지 않다) ・買わせる(사게 만들다) ・買おう(사자·사겠다·사겠지)
연용형	買い	・た ・ます	・買った(샀다) ・買います(삽니다)
종지형	買う	。	・買う(사다)
연체형	買う	とき	・買うとき(살 때)
가정형	買え	ば	・買えば(사면)
명령형	買え		・買え(사라)

3,5 ハーット暖まる。

4,3 その人に合っ(合う)た借り方や返し方が相談できる。

6,1 やるよ。

6,3 やるって。

6,5 やるって。

6,7 やる。

6,8 初めてもらっ(もらう)た贈り物のこと覚え(覚える)てい(いる)ますか。

6,9 贈る気持ち大切に(大切)。

7,8 一つになるよ。

8,2 こんな気持ちいいとこに住ん(住む)でたらさ、頭痛なんかないよね。

8,4 サリドンは一錠で早く(早い)効き(効く)ます。

9,1 山田で欲張ら(欲張る)なくちゃ(ない)。

9,2 行か(行く)なきゃ(ない)買わ(買う)なきゃ(ない)暖房フェア。

9,4 山田で買お(買う)う。

9,5 買お(買う)う。

9,6 買お(買う)う。

11,1 あれ、山田課長代理また泊まっ(泊まる)たみたい。

13,2 アイフルでは二十四時間ご相談をお受け(受ける)し(する)ており(おる)ます。

14,1 マイライン選ぶなら日本テレコムにし(する)よう。

14,3 大人になっ(なる)たら分かるって。

15,1 ニューテスティモで乾か(乾く)ない。

15,3 ときめくキッスの後でも純真のピンクで乾か(乾く)ない。

15,4 私の唇は乾か(乾く)ない。

17,1 あの時働ける(働く)ことが当たり前だと思っ(思う)てまし(ます)た。

17,2　頑張れる(頑張る)今だから忘れ(忘れる)てはいけないものがあります。

17,3　負け(負ける)ない体をつくること。

18,2　え？ちゃんと洗っ(洗う)てるのに...本当だ。

18,3　そこでにおいを落とすファミリーピュア。

18,4　この泡がにおいを包み込ん(包み込む)で分解。

18,6　もうにおわ(におう)ないでしょ(です)う。

18,9　消臭効果があるのはファミリーピュア。

19,1　酢が湯垢を落とし(落とす)ます。

19,2　お風呂の湯垢を落とし(落とす)ます。

19,3　酢は落とす。

20,2　切れ目を入れ(入れる)た本場の鮭に野菜を挟ん(挟む)で挟み焼き。

21,2　四角い窓からキスすると、私の時間が絵に変わる。

22,2　手のひらで水になる。

22,3　水になっ(なる)た。

22,4　ベタつか(ベタつく)ない。

23,1　突然そして思いがけない大きさ(大きい)でやってくる地震。

23,2　日ごろの備えと備える心があなたを地震から守り(守る)ます。

❑다음 동사를 활용시켜 보자.

起きる	消える	帰る	使う	借りる
勤める	飛ぶ	着く	着る	出る
出す	作る	見る	並べる	立つ
困る	降りる	見せる	頼む	

□ 변격동사

변격동사에는 カ行変格動詞(来る)와 サ行変格動詞(する)가 있는데 일정한 규칙이 없이 활용하는 동사이다.

〈来る의 활용표〉

미연형	こ	・ない ・させる・よう	・こない(오지 않다) ・こさせる(오게 만들다) ・こよう(오자・오겠다・오겠지)
연용형	き	・た ・ます	・きた(왔다) ・きます(옵니다)
종지형	くる	。	・くる(오다)
연체형	くる	とき	・くるとき(올 때)
가정형	くれ	ば	・くれば(오면)
명령형	こい		・こい(오라)

〈する의 활용표〉

미연형	・し ・せ ・さ ・さ ・し	・ない ・ぬ ・れる ・せる ・よう	・しない(하지 않는다) ・せぬ(하지 않는다) ・される(수동・자발・존경・가능) ・させる(시키다/사역) ・しよう(하자・하겠다・하겠지)
연용형	し	・た ・ます	・した(했다) ・します(합니다)
종지형	する	。	・する(하다)
연체형	する	とき	・するとき(할 때)
가정형	すれ	ば	・すれば(하면)
명령형	・し ・せ	・ろ ・よ	・しろ(해라〈회화체〉) ・せよ(해라〈문장체〉)

2. 가능동사(可能動詞 かのうどうし)

❑5단활용동사가 본래의 의미에 더하여 「~할 수 있다」의 의미를 지니게 된 것을 가능동사라고 한다.

❑가능동사 만드는 법: 동사 기본형의 어미 [u]를 [e]로 바꾸고 る를 붙인다. ☞ [u] ⇒ [e]+る

❑가능동사는 하1단동사가 되어 하1단활용을 하며 명령형이 없다.

❑목적어가 올 때는 일반적으로 を대신에 が를 사용한다.

> 17,1 あの時働ける(働く)ことが当たり前だと思っ(思う)てまし(ますた)。
> 17,2 頑張れる(頑張る)今だから忘れ(忘れる)てはいけないものがあります。
> 24,4 カラーで送れる(送る)。
> 24,5 コピーもとれる(とる)。

❑다음 동사를 가능동사로 바꾸어 보자.

> 帰る　　　使う　　　飛ぶ　　　着く　　　出す
> 作る　　　立つ　　　頼む

3. 동사의 음편(音便 おんびん)

❏ 5단활용동사가 활용할 때 뒤에 「て・た・たり」 등에 연결될 때 발음을 편하게 하기 위해 일어나는 현상을 음편이라고 한다. ☞ 6.1. 참고

〈て〉

5,2 <u>かけ(かける)て</u>食べれ(食べる)ばパスタがうまい。

5,4 <u>かけ(かける)て</u>食べれ(食べる)ばパスタがうまい。

6,8 初めてもらっ(もらう)た贈り物のこと<u>覚え(覚える)てい</u>(いる)ますか。

10,1 コーンに生まれ(生まれる)たこの命ラーメンに<u>捧げ(捧げる)て</u>見せ(見せる)ましょ(ます)う。

13,2 アイフルでは二十四時間ご相談をお<u>受け(受ける)し(する)ており</u>(おる)ます。

17,1 あの時働ける(働く)ことが当たり前だと<u>思っ(思う)てまし</u>(ます)た。

17,2 頑張れる(頑張る)今だから<u>忘れ(忘れる)て</u>はいけないものがあります。

18,2 え？ちゃんと<u>洗っ(洗う)て</u>るのに...本当だ。

18,10 スポンジの除菌も<u>でき(できる)て</u>清潔。

〈で〉

8,2 こんな気持ちいいとこに<u>住ん(住む)で</u>たらさ、頭痛なんかないよね。

18,4 この泡がにおいを<u>包み込ん(包み込む)で</u>分解。

20,2 切れ目を入れ(入れる)た本場の鮭に野菜を<u>挟ん(挟む)で</u>挟み焼き。

〈た〉

1,1　<u>来(来る)た</u>。

2,2　月見ちゃんが<u>やってき(やってくる)た</u>。

4,3　その人に<u>合っ(合う)た</u>借り方や返し方が相談できる。

6,8　初めて<u>もらっ(もらう)た</u>贈り物のこと<u>覚え(覚える)てい(いる)</u>ますか。

10,1　コーンに<u>生まれ(生まれる)た</u>この命ラーメンに<u>捧げ(捧げる)</u>て<u>見せ(見せる)ましょ(ます)</u>う。

11,1　あれ、山田課長代理また<u>泊まっ(泊まる)た</u>みたい。

16,1　男は極秘任務を<u>帯び(帯びる)た</u>。

17,1　あの時働ける(働く)ことが当たり前だと<u>思っ(思う)て(いる)まし(ます)た</u>。

20,2　切れ目を<u>入れ(入れる)た</u>本場の鮭に野菜を<u>挟ん(挟む)</u>で挟み焼き。

21,1　何だか天気がいいので、ジゴロウとデートに<u>出かけ(出かける)た</u>。

21,8　いいキス<u>でき(できる)た</u>。

22,3　水に<u>なっ(なる)た</u>。

〈たら〉

8,2　こんな気持ちいいとこに<u>住ん(住む)</u>で<u>(いる)たら</u>さ、頭痛なんかないよね。

14,3　大人に<u>なっ(なる)たら</u>分かるって。

4. 자동사(**自動詞 じどうし**)와 타동사(**他動詞 たどうし**)

❑ 그 자신이 동작이나 작용을 나타내는 동사를 자동사라고 하고, 다른 것에 동작이나 작용이 미치는 동사를 타동사라고 한다. 자동사 앞에는 が가 오고, 타동사 앞에는 を가 온다.

〈상1단 동사〉

4,3 その人に合っ(合う)た借り方や返し方が相談できる。(타동사⇒자동사)

4,4 相談できるの？(타동사⇒자동사)

6,8 初めてもらっ(もらう)た贈り物のこと覚え(覚える)てい(いる)ますか。 (보조동사.자)

16,1 男は極秘任務を帯び(帯びる)た。(타)

16,3 世界最大の陰謀を打ち砕くのは彼しかい(いる)ない。(자)

16,5 信じ(信じる)られるのは自分一人な(だ)のか。(타⇒자)

18,2 え？ちゃんと洗っ(洗う)てるのに...本当だ。(보조동사.자)

18,10 スポンジの除菌もでき(できる)て清潔。(자)

21,8 いいキスでき(できる)た。(자)

〈하1단 동사〉

5,2 かけ(かける)て食べれ(食べる)ばパスタがうまい。(타)

5,4 かけ(かける)て食べれ(食べる)ばパスタがうまい。(타)

6,8 初めてもらっ(もらう)た贈り物のこと覚え(覚える)てい(いる)ますか。(타)

10,1 コーンに生まれ(生まれる)たこの命ラーメンに捧げ(捧げる)て見せ(見せる)ましょ(ます)う。(자⇒타 生む)(타)(보조동사＜타＞)

13,2 アイフルでは二十四時間ご相談をお受け(受ける)し(する)ており(おる)ます。(타)

17,2 頑張れる(頑張る)今だから忘れ(忘れる)てはいけないものがあります。(타)

17,3 負け(負ける)ない体をつくること。(자/타⇒자)

20,2 切れ目を入れ(入れる)た本場の鮭に野菜を挟ん(挟む)で挟み焼き。(타⇒자 入る)

21,1 何だか天気がいいので、ジゴロウとデートに出かけ(出かける)た。(자)

23,2 日ごろの備えと備える心があなたを地震から守り(守る)ます。(타⇒자 備わる)

24,2 それを私らしく(らしい)伝え(伝える)たい。(타⇒자 伝わる)

〈5단 동사〉

3,5 ハート暖まる。(자⇒타 暖める)

4,3 その人に合っ(合う)た借り方や返し方が相談できる。(자⇒타 合わせる)

6,1 やるよ。(타)

6,3 やるって。(타)

6,5 やるって。(타)

6,7 やる。(타)

6,8 初めてもらっ(もらう)た贈り物のこと覚え(覚える)てい(いる)ますか。(타)

6,9 贈る気持ち大切に(大切)。(타)

7,8 一つになるよ。(자)

8,2 こんな気持ちいいとこに住ん(住む)でたらさ、頭痛なんかないよね。(자)

8,4 サリドンは一錠で早く(早い)効き(効く)ます。(자)

9,1 山田で欲張ら(欲張る)なくちゃ(ない)。(자)

9,2 行か(行く)なきゃ(ない)買わ(買う)なきゃ(ない)暖房フェア。(자)(타)

9,4 山田で買お(買う)う。(타)

9,5 買お(買う)う。(타)

9,6 買お(買う)う。(타)

11,1 あれ、山田課長代理また泊まっ(泊まる)たみたい。(자⇒타 泊める)

13,2 アイフルでは二十四時間ご相談をお受け(受ける)し(する)ており(おる)ます。(보조동사.자)

14,1 マイライン選ぶなら日本テレコムにし(する)よう。(타)

14,3 大人になっ(なる)たら分かるって。(자)(자)

15,1 ニューテスティモでも乾か(乾く)ない。(자)

15,3 ときめくキッスの後でも純真のピンクで乾か(乾く)ない。(자)(자)

15,4 私の唇は乾か(乾く)ない。(자)

17,1 あの時働ける(働く)ことが当たり前だと思っ(思う)てまし(ます)た。(타⇒자 思える)

17,2 頑張れる(頑張る)今だから忘れ(忘れる)てはいけないものがあります。(자)

17,3 負け(負ける)ない体をつくること。(타)

18,2 え?ちゃんと洗っ(洗う)てるのに...本当だ。(타)

18,3 そこでにおいを落とすファミリーピュア。(타⇒자 落ちる)

18,4 この泡がにおいを包み込ん(包み込む)で分解。(타)

18,6 もうにおわ(におう)ないでしょ(です)う。(자)

18,9 消臭効果があるのはファミリーピュア。(자)

19,1 酢が湯垢を落とし(落とす)ます。(타⇒자 落ちる)

19,2 お風呂の湯垢を落とし(落とす)ます。(타⇒자 落ちる)

19,3 酢は落とす。(타⇒자 落ちる)

20,2 切れ目を入れ(入れる)た本場の鮭に野菜を挟ん(挟む)で挟み焼き。(타⇒자 挟まる)

21,2 四角い窓からキスすると、私の時間が絵に変わる。(자⇒타 変える)

22,2 手のひらで水になる。(자)

22,3 水になっ(なる)た。(자)

22,4 ベタつか(ベタつく)ない。(자)

23,1 突然そして思いがけない大きさ(大きい)でやってくる地震。(자)

23,2 日ごろの備えと備える心があなたを地震から守り(守る)ます。(타)

5. 조건 표현 と・ば・たら・なら「~면」

〈と〉

21,2 四角い窓からキスすると、私の時間が絵に変わる。

〈ば〉

5,2 かけ(かける)て食べれ(食べる)ばパスタがうまい。

5,4 かけ(かける)て食べれ(食べる)ばパスタがうまい。

〈たら〉

8,2 こんな気持ちいいとこに住ん(住む)でたらさ、頭痛なんかないよね。

14,3 大人になっ(なる)たら分かるって。

〈なら〉

9,3 今なら暖房商品が全品安い。

14,1 マイライン選ぶなら日本テレコムにし(する)よう。

〈と・ば・たら・なら〉

	春になる~桜が咲く	できる~行きたい	走る~疲れた	帰る~窓を閉めなさい
ば	春になれば桜が咲く	できれば行きたい	x	x
と	春になると桜が咲く	x	x	x
たら	春になったら桜が咲く	できたら行きたい	走ったら疲れた	帰ったら窓を閉めなさい
なら	x	できるなら行きたい	x	帰るなら窓を閉めなさい

6. 단정의 조동사 だ「~(이)다」

❏ 체언과 조사에 접속

❏ だろう・でない/である/だった・だ・だ(な)・なら(ば)・○

〈단정의 조동사 だ의 활용표〉

미연형	だろ	う	・新人だろう(신인이겠지)
연용형	・で ・で ・だ	・ない ・ある ・った	・新人で(신인이고・신인이며) ・新人でない(신인이 아니다) ・新人である(신인이다) ・新人だった(신인이었다)
종지형	だ	。	・新人だ(신인이다)
연체형	・だ ・な		・新人だこと(신인이야) ・新人なのは(신인인 것은)
가정형	なら	(ば)	・新人なら(ば)(신인이면)
명령형			

3,4 僕新人<u>だ</u>から。

4,5 そう<u>だ</u>んです。

8,3 だってスイス<u>だ</u>し、空気が超おいしい。

16,5 信じ(信じる)られるのは自分一人な(<u>だ</u>)のか。

17,2 頑張れる(頑張る)今<u>だ</u>から忘れ(忘れる)てはいけないものがあります。

18,2 え？ちゃんと洗っ(洗う)てるのに…本当<u>だ</u>。

7. から의 용법 구별

□ 격조사 「から」와 접속조사 「から」

3,4 僕新人だ<u>から</u>。(접속조사)

14,4 市内<u>から</u>国際までいつまでも安く(安い)。(격조사)

15,5 T'ESTIMO<u>から</u>新ルージュ誕生。(격조사)

17,2 頑張れる(頑張る)今だ<u>から</u>忘れ(忘れる)てはいけないものがあります。(접속조사)

21,2 四角い窓<u>から</u>キスすると、私の時間が絵に変わる。(격조사)

22,10 ライオン<u>から</u>。(격조사)

23,2 日ごろの備えと備える心があなたを地震<u>から</u>守り(守る)ます。(격조사)

8. と의 용법 구별

❑ 격조사 「と」와 접속조사 「と」

> 5,6 はごろもアサリと野菜のパスタソース。(격조사)
>
> 17,1 あの時働ける(働く)ことが当たり前だと思っ(思う)てまし(ます)た。
> (격조사)
>
> 20,4 何かお母さんとお母さんの挟み焼き。(격조사)
>
> 21,1 何だか天気がいいので、ジゴロウとデートに出かけ(出かける)た。
> (격조사)
>
> 21,2 四角い窓からキスすると、私の時間が絵に変わる。(접속조사)
>
> 23,2 日ごろの備えと備える心があなたを地震から守り(守る)ます。(격
> 조사)

실용일본어 와

文法

25

レディース ビゲンは きれい。
なのに 早^{はや}い。しかも しなやか。
きれい はやい しなやか。 早^{はや}染^ぞめクリームだから、
いいこと 三^{みっ}つも。レディース ビゲン。

レディース ビゲンは きれい。
なのに 早い。しかも しなやか。
きれい はやい しなやか。 早染めクリームだから、
いいこと 三つも。レディース ビゲン。

レディースれでぃーす	레이디스. ⇒(ladies 여성용)
ビゲンは	びげん・は 비겐은.
きれい	깨끗하다. 깔끔하다. 아름답다. ⇒(きれいだ)
なのに	그런데도.
早い	はやい 빠르다.
しかも	게다가.
しなやか	부드럽다. ⇒(しなやかだ)
早染め	はや・ぞめ 빠른 염색.
クリームだから	くりーむ・だ・から 크림이기 때문에.
いいこと	いい・こと좋은 것.
三つも	みっつ・も 세 가지나.

26

げん き　　 げん き
元気か。元気か。
ダメージをなくそう。
　　　　　 きもち　　　　 かみ
うるおって 気持のいい髪になる。
エッセンシャル ダメージ ケア。
きもち
気持いい。

元気か。元気か。

ダメージをなくそう。

うるおって 気持のいい髪になる。

エッセンシャル ダメージ ケア。

気持いい。

元気か	げん·き·か 건강해? 잘 지내? ⇒(げんきだ)
ダメージを	だめ―じ·を 대미지를(모발 손상을). ⇒damage
なくそう	なくそ·う 없애자 ⇒(無くす 없애다)
うるおって	うるおっ·て 촉촉해서. ⇒(潤う 촉촉해지다. 축축해지다)
気持のいい	き·もち·の·いい 기분이 좋다.
	⇒(-の -이/가). 気持ちろも 표기.
髪になる	かみ·に·なる 머리카락이 되다.
エッセンシャル	えっせんしゃる 엣센셜. ⇒essential
ダメージ·ケア	だめ―じ·けあ 대미지 케어. ⇒damage care
気持いい	き·もち·いい 기분 좋다.

27

梅酒は 好きですか。

私は 紀州が好きです。

それは よりすぐった

国産梅だけで 正直に

単純ですが、チョーヤの自信です。

あ なるほど。それでね。

チョーヤ 梅酒 紀州。

うめぇ~。

梅酒は 好きですか。

私は 紀州が好きです。

それは よりすぐった

国産梅だけで 正直に

単純ですが、チョーヤの自信です。

あ なるほど。それでね。

チョーヤ 梅酒 紀州。

うめぇ～。

梅酒	うめ·しゅ	매실주.
は	은/는.	
好きですか	すき·です·か	좋아합니까?
私	わたし	나. 저.
紀州	き·しゅう	키슈우(지명).
が	이/가.	
好きです	すき·です	좋습니다. 좋아합니다.
それは	それ·は	그것은.
よりすぐった	よりすぐっ·た	좋은 것을 골라냈다.
	⇒よりすぐる(좋은 것을 골라내다)	
国産梅	こく·さん·うめ	국산 매실.
だけで	だけ·で	-만으로.
正直に	しょう·じき·に	솔직히. 정직하게.
単純ですが	たん·じゅん·です·が	단순합니다만.
チョーヤ	ちょーや	쵸우야(회사이름).
の	의.	
自信です	じ·しん·です	자신입니다.
あ	아.	
なるほど	정말. 그렇구나.	
それでね	それで·ね	그래서.
うめぇ~	맛있어. ⇒うまい(맛있다)	

28

一見 どこから 見ても ふつうの 洗濯機ですが、

ななめ。 わずか10度の 新発想。

ななめにすると、 流れが 変わる。

世界初 ななめドラム 水流と

更に 進化した 超音波が

洗浄力を グ~ンと アップ。

すごいね。 これからは ななめドラムと超音波で 洗おう。

ななめは しかも 楽ちんね。

ハッピー 三洋。

一見 どこから 見ても ふつうの 洗濯機ですが、

ななめ。 わずか１０度の 新発想。

ななめにすると 流れが 変わる。

世界初 ななめドラム 水流と

更に 進化した 超音波が

洗浄力を グ~ンと アップ。

すごいね。 これからは ななめドラムと超音波で 洗おう。

ななめは しかも 楽ちんね

ハッピー 三洋。

一見	いっ･けん	언뜻 보기에.
どこから	どこ･から	어디에서.
見ても	み･ても	보아도.
普通の	ふ･つう･の	보통의.
洗濯機ですが	せん･たく･き･です･が	세탁기입니다만.
ななめ		경사. 기울기. 기울어짐.
わずか		불과.
10度の	じゅう･ど･の	10도의.
新発想	しん･はっ･そう	새로운 발상.
ななめにすると	ななめ･に･する･と	비스듬히 하면.
流れが	ながれ･が	흐름이.
変わる	かわる	바뀐다. 바뀌다.
世界初	せ･かい･はつ	세계 최초.
ななめドラム	ななめ･どらむ	경사 드럼.
水流と	すい･りゅう･と	수류와. 물흐름과.
更に	さらに	게다가.
進化した	しん･か･し･た	진화한(발전된). 진화했다.
超音波が	ちょう･おん･ぱ･が	초음파가.
洗浄力を	せん･じょう･りょく･を	세정력을.
グ〜ンと	ぐ〜んと	훨씬. 한층 더. ⇒グンと
アップ	あっぷ	업.
すごいね	すごい･ね	대단하네. ⇒すごい(대단하다)
これからは	これから･は	이제부터는.
ななめドラムと	ななめ･どらむ･と	경사 드럼과.
超音波で	ちょう･おん･ぱ･で	초음파로.
洗おう	あらお･う	빨자. 세탁하자. ⇒洗う(あらう 세탁하다. 씻다)
しかも		더욱이. 게다가.
楽ちんね	らくちん･ね	편하네.
ハッピー	はっぴー	해피. ⇒happy
三洋	さん･よう	산요우.

29

ノイエ。
はねる 広がる 朝の髪に
ファイバーリキッドで
髪の芯からスタイリング。
一瞬で洗い立ての髪に
ノイエ ファイバーリキッド
新登場。軽く 決まる。

ノイエ。
はねる 広がる 朝の髪に
ファイバーリキッドで
髪の芯からスタイリング。
一瞬で洗い立ての髪に
ノイエ ファイバーリキッド
新登場。軽く 決まる。

ノイエ	노이에.
はねる	흩어지다. 뻗치다.
広がる	ひろがる 퍼지다. 펼쳐지다. 넓어지다. 뭉치다(떡지다).
朝	あさ 아침.
の	의.
髪に	かみ・に 머리(카락)에.
ファイバーリキッドで	ふぁいばー・りきっど・で 화이버 리퀴드로 ⇒fiber liquid
髪の芯	かみ・の・しん 모근. 머리카락 뿌리.
から	부터.
スタイリング	すたいりんぐ 스타일링 ⇒styling
一瞬で	いっ・しゅん・で 순식간에. 눈깜짝할 새에.
洗い立ての髪に	あらい・たて・の・かみ・に 방금 감은 머리로. ⇒洗い立て(あらいたて 방금 씻음. 막 씻음)
新登場	しん・とう・じょう 새로 나왔습니다.
軽く	かるく 가볍게. ⇒軽い(かるい 가볍다)
決まる	きまる 완성되다. 정해지다.

30

ガラスに染まる。シャープに染める。
ブラック アッシュ オリーブ
新しい 三色に。
明るくした髪に ピュアカラーネオ。

ガラスに染まる。シャープに染める。
ブラック アッシュ オリーブ
新しい 三色に。
明るくした髪に ピュアカラーネオ。

ガラス	がらす 유리. ⇒glas 네덜란드어.
に	에.
染まる	そまる 물들다.
シャープに	しゃーぷ・に 샤프하게. ⇒sharp.
染める	そめる 물들이다.
ブラック・アッシュ・オリーブ	ぶらっく・あっしゅ・おりーぶ
	블랙 애쉬 올리브. ⇒black ash olive.
新しい	あたらしい 새롭다.
三色	さん・しょく 세가지 색. 삼색.
明るく	あかるく 밝게. ⇒明るい(あかるい 밝다)
した	만든. 한. 했다.
髪	かみ 머리. 머리카락.
ピュア・カラー・ネオ	ぴゅあ・からー・ねお 퓨어 칼라 네오.

1. 형용동사 (形容動詞 けいようどうし:ナ형용사)

❏ 형용동사는 형용사와 마찬가지로 사물의 성질이나 상태를 나타낸다.

  1) 활용한다.

  2) 자립어로 단독으로 술어가 될 수 있다.

  3) 기본형은 「~だ」로 끝난다.

❏だろう・でない/になる/だった・だ・な・なら(ば)・○

〈大切だ의 활용표〉

미연형	だろ	う	・大切だろう(소중하겠지)
연용형	・で ・に ・だっ	・ない ・なる ・た	・大切でない(소중하지 않다) ・大切になる(소중해지다) ・大切だった(소중했다)
종지형	だ	。	・大切だ(소중하다)
연체형	な	とき	・大切なとき(소중할 때)
가정형	なら	(ば)	・大切なら(ば)(소중하면)
명령형			

〈好きだ의 활용표〉

미연형	だろ	う	·好きだろう(좋겠지·좋아하겠지)
연용형	·で ·に ·だっ	·ない ·なる ·た	·好きでない(좋아하지 않다·좋지 않다) ·好きになる(좋아지다) ·好きだった(좋아했다)
종지형	だ	。	·好きだ(좋아하다)
연체형	な	とき	·好きなとき(좋을 때·좋아할 때)
가정형	なら	(ば)	·好きなら(ば)(좋으면·좋아하면)
명령형			

〈しなやかだ의 활용표〉

미연형	だろ	う	·しなやかだろう(부드럽겠지)
연용형	·で ·に ·だっ	·ない ·なる ·た	·しなやかでない(부드럽지 않다) ·しなやかになる(부드러워지다) ·しなやかだった(부드러웠다)
종지형	だ	。	·しなやかだ(부드럽다)
연체형	な	とき	·しなやかなとき(부드러울 때)
가정형	なら	(ば)	·しなやかなら(ば)(부드러우면)
명령형			

6,9 贈る気持ち大切に(大切)。

17,1 あの時働ける(働く)ことが当たり前だと思っ(思う)てまし(ますた。

21,5 簡単。

25,1 レディースビゲンはきれい。

25,3 しかもしなやか。

25,4 きれい、速い、しなやか。

27,1 梅酒は好きですか。

27,2 私は紀州が好きです。

27,3 それはよりすぐっ(よりすぐる)た国産梅だけで正直に単純ですが、チョーヤの自信です。

27,3 それはよりすぐっ(よりすぐる)た国産梅だけで正直に単純ですが、チョーヤの自信です。

30,2 シャープに染める。

❏다음 형용동사를 활용시켜 보자.

静かだ　　　丈夫だ　　　大好きだ　　　大変だ
賑やかだ　　立派だ

2. 부조사

❑ 조사는 어떤 말 뒤에 붙어서 그 말과 다른 말과의 관계를 나타내기
도 하고, 그 말에 어떤 뜻을 첨가하기도 한다. 부조사는 여러 가지
말에 붙어서 그 말에 어떤 뜻을 첨가하는 조사이다.

1) 활용하지 않는다.

2) 부속어로 주어나 술어가 될 수 없다.

- ·は(~은, ~는)
- ·か(~인지, ~인가)
- ·なんて(~이라니, ~하다니, ~따위)
- ·でも(~이라도, ~일지라도, ~조차도)
- ·だけ(~만, ~뿐)
- ·とか(~든지, ~거나)
- ·さえ(~조차, ~마저, ~까지)
- ·きり(~만, ~뿐)·ほど(~쯤, ~정도)
- ·ずつ(~씩) 등이 있다.
- ·も(~도)
- ·なんか<など>(~따위, ~등)
- ·まで(~까지)
- ·しか(~밖에)
- ·くらい<ぐらい>(~정도)
- ·こそ(~야말로, ~만은)
- ·だって(でも의 회화체)
- ·ばかり(~뿐, ~만)

1,2 学生さん<u>は</u>金がない。

2,5 この秋<u>も</u>日本全国月見バーガー。

6,10 内祝い<u>は</u>シャディのお店<u>か</u>サラダ館へ。

8,2 こんな気持ちいいとこに住ん(住む)でたらさ、頭痛<u>なんか</u>ないよね。

12,11 アメリカ<u>まで</u>１分３０円。

13,2 アイフル<u>では</u>二十四時間ご相談をお受け(受ける)<u>し</u>(する)ており(お
る)ます。

14,4 市内から国際<u>まで</u>いつまでも安く(安い)。

14,5 マイライン<u>は</u>テレコムでオーケーオーケーよ。

15,3 ときめくキッスの後<u>でも</u>純真のピンクで乾か(乾く)ない。

15,4 私の唇<u>は</u>乾か(乾く)ない。

16,1 男<u>は</u>極秘任務を帯び(帯びる)た。

16,3 世界最大の陰謀を打ち砕くのは彼<u>しか</u>い(いる)ない。

16,5 信じ(信じる)られる<u>のは</u>自分一人な(だ)のか。

17,2 頑張れる(頑張る)今だから忘れ(忘れる)<u>て</u>はいけないものがあります。

18,5 これがピュア<u>だけ</u>の消臭効果。

18,9 消臭効果があるの<u>は</u>ファミリーピュア。

18,10 スポンジの除菌<u>も</u>でき(できる)て清潔。

19,3 酢<u>は</u>落とす。

20,6 白鶴まるカップ<u>も</u>まる。

24,1 水の中<u>は</u>樂しい。

24,5 コピー<u>も</u>とれる(とる)。

25,1 レディースビゲン<u>は</u>きれい。

25,6 いいこと三つ<u>も</u>。

27,1 梅酒<u>は</u>好きですか。

27,2 私<u>は</u>紀州が好きです。

27,3 それ<u>は</u>よりすぐっ(よりすぐる)た国産梅<u>だけ</u>で正直に単純ですが、チョーヤの自信です。

28,7 これから<u>は</u>ななめドラムと超音波で洗お(洗う)う。

28,8 ななめ<u>は</u>しかも楽ちんね。

3. 종조사

❑ 종조사는 주로 문장 끝에 붙어서 의문·반어·감동·영탄·금지 등을 나타낸다.

> 4,2 プロミスです<u>よ</u>。
> 4,4 相談できる<u>の</u>？
> 6,1 やる<u>よ</u>。
> 6,2 いい<u>よ</u>。
> 6,3 やる<u>って</u>。
> 6,4 いい<u>よ</u>。
> 6,5 やる<u>って</u>。
> 6,6 いい<u>って</u>。
> 6,8 初めてもらっ(もらう)た贈り物のこと覚え(覚える)てい(いる)ます<u>か</u>。
> 7,8 一つになる<u>よ</u>。
> 8,2 こんな気持ちいいとこに住ん(住む)でたら<u>さ</u>、頭痛なんかない<u>よね</u>。
> 11,2 夢のマイホームも片道三時間じゃ<u>ね</u>。
> 14,3 大人になっ(なる)たら分かる<u>って</u>。
> 14,5 マイラインはテレコムでオーケーオーケー<u>よ</u>。
> 16,5 信じ(信じる)られるのは自分一人な(だ)の<u>か</u>。
> 18,1 何かカレーのにおいがする<u>よ</u>ママ。
> 26,1 元気<u>か</u>。元気<u>か</u>。
> 27,1 梅酒は好きです<u>か</u>。
> 27,5 それで<u>ね</u>。
> 28,6 すごい<u>ね</u>。
> 28,8 ななめはしかも楽ちん<u>ね</u>。

4. 단정(정중)의 조동사 **です** 「~(ㅂ)니다」(Ⅱ)

❑ 체언, 조사, 동사와 형용사의 종지형에 접속

❑ でしょう・でした・です・です・○・○

〈です의 활용표〉

미연형	でしょ	う	・季節でしょう(계절이겠지요)
연용형	でし	た	・季節でした(계절이었습니다)
종지형	です	。	・季節です(계절입니다)
연체형	です	のに와 ので만 연결됨	・季節ですのに(계절인데도) ・季節ですので(계절이므로)
가정형			
명령형			

2,4 月見バーガーの季節です。

4,2 プロミスですよ。

4,5 そうだんです。

18,6 もうにおわ(におう)ないでしょ(です)う。

27,1 梅酒は好きですか。

27,2 私は紀州が好きです。

27,3 それはよりすぐっ(よりすぐる)た国産梅だけで正直に単純ですが、
チョーヤの自信です。

28,1 一見どこから見(見る)ても普通の洗濯機ですが、ななめ。

5. 사역의 조동사 **せる · させる** 「~하게 하다, ~시키다」

❏ せる는 5단동사와 する의 미연형 さ에 접속하며, させる는 상1단동사와
하1단동사 그리고 来る의 미연형 来(こ)에 접속

❏ せない/せよう · せます · せる · せる · せれば · せろ/せよ

❏ させない/させよう · させます · させる · させる · させれば · させろ/させよ

〈せる의 활용표〉

미연형	せ	ない·よう	· 泊まらせない(숙박하게 하지 않다) · 泊まらせよう(숙박하게 하자)
연용형	せ	ます	· 泊まらせます(숙박하게 합니다)
종지형	せる	。	· 泊まらせる(숙박하게 하다)
연체형	せる	とき	· 泊まらせるとき(숙박하게 할 때)
가정형	せれ	ば	· 泊まらせれば(숙박하게 하면)
명령형	せ	ろ·よ	· 泊まらせろ·泊まらせよ(숙박하게 해라)

〈させる의 활용표〉

미연형	させ	ない·よう	· 忘れさせない(잊게 하지 않다) · 忘れさせよう(잊게 하자)
연용형	させ	ます	· 忘れさせます(잊게 합니다)
종지형	させる	。	· 忘れさせる(잊게 하다)
연체형	させる	とき	· 忘れさせるとき(잊게 할 때)
가정형	させれ	ば	· 忘れさせれば(잊게 하면)
명령형	させ	ろ·よ	· 忘れさせろ·忘れさせよ(잊게 해라)

生気を帯びさせる　　　　　噂を信じさせる
名前を覚えさせる　　　　　時を忘れさせる
田舎にも若者を住ませる　　お客を泊まらせる
来る⇒来させる　　　　　　する⇒させる

❑ 다음 동사를 사역의 의미로 바꾸어 보자.

帰る	使う	開ける	飛ぶ	食べる	作る
浴びる	遊ぶ	立つ	頼む	入る	

6. 진행과 상태를 나타내는 **ている · てある**「~하고 있다 · ~어(아) 있다」

❑ 자동사 + ~ている(진행) · ~ている(상태: 저절로 된 상태)

❑ 타동사 + ~ている(진행) · ~てある(상태: 누군가에 의해 이루어진 동작
　의 결과가 계속된 상태)

❑ 「~ている」는 동작의 계속을 나타내는 동사에 사용되면 진행의 뜻을, 동작이나 작용이 순간에 끝나는 동사에 사용되면 결과의 존속, 즉 상태를 나타낸다.

> 6,8 初めてもらっ(もらう)た贈り物のこと覚え(覚える)<u>てい(いる)</u>ますか。
>
> 8,2 こんな気持ちいいとこに住ん(住む)<u>で(いる)</u>たらさ、頭痛なんかないよね。
>
> 17,1 あの頃働ける(働く)ことが当たり前だと思っ(思う)<u>て(いる)</u>まし(ました)た。
>
> 18,2 え？ちゃんと洗っ(洗う)<u>てる(いる)</u>のに...本当だ。

❑ 「타동사＋~てある」의 타동사는 의지를 나타내는 동사이기 때문에 누군가의 의지에 의한 행위의 결과가 현재에도 남아 있음을 나타낸다.

いいとこに住んでいる	月見ちゃんが来ている (진행)
その人に合っている	髪がうるおっている (상태)
窓が開いている(상태)	窓が開けてある
	(상태:누군가에 의해 창문이 열려 있다)
答えを書いている(진행)	答えが書いてある
	(상태:누군가에 의해 답이 써 있다)
パスタを食べている	パスタは食べてある
野菜が挟んでいる	野菜が挟んである
顔を洗っている	皿は洗ってある
責任を忘れている	電車の中に雑誌が忘れてある
この命を捧げている	
花を捧げている	花が捧げてある

실용일본어와

文法

31

銅版画家（どうはんがか） 山本容子（やまもと ようこ）は
知（し）っている。
溢（あふ）れる 薫（かお）りが 命（いのち）を 吹（ふ）き込（こ）む。
人生（じんせい）には コーヒーが 必要（ひつよう）です。
上質（じょうしつ）を知（し）る人（ひと）の
ネスカフェゴールドブレンド。

銅版画家 山本容子は
知っている。
溢れる 薫りが 命を 吹き込む。
人生には コーヒーが 必要です。
上質を知る人の
ネスカフェゴールドブレンド。

銅版画家	どう·はん·が·か 동판화가.
山本容子は	やま·もと·よう·こ·は 야마모토 요우코는.
知っている	しっ·て·いる 알고 있다. ⇒知る(しる 알다)
溢れる	あふれる 넘치다.
薫りが	かおりが 향기가.
命を	いのち·を 생명을. 목숨을.
吹き込む	ふきこむ 불어 넣는다.
人生には	じん·せい·に·は 인생에는. 삶에는.
コーヒーが	こーひー·が 커피가.
必要です	ひつ·よう·です 필요합니다.
上質を	じょう·しつ·を 우수한 품질을.
知る	しる 알다.
人の	ひと·の 사람의.
ネスカフェ	ねすかふぇ 네스카페.
ゴールド·ブレンド	ごーるど·ぶれんど 골드 블렌드. ⇒gold blend

32

大^{おお}いなる 期待^{きたい}を 胸^{むね}に

古館^{ふるたち} 伊知郎^{いちろう} 四十六才^{よんじゅうろくさい}の 一日^{いちにち}が 始^{はじ}まろうとしているのでありますが、

重^{おも}い むかつく もたれる。

どうして この 苦^{くる}しみを 性懲^{しょうこ}りもなく 繰^くり返^{かえ}してしまうのか。

胃^いの不快感^{ふかいかん}に ブルー が 効^きく。新三共^{しんさんきょう} 胃腸薬^{いちょうやく}。

飲^のみ過^すぎに 三共^{さんきょう} 胃腸^{いちょう} ドリンク。

大いなる 期待を 胸に

古館 伊知郎 四十六才の 一日が 始まろうとしているのでありますが、

重い むかつく もたれる。

どうして この 苦しみを 性懲りもなく 繰り返してしまうのか。

胃の 不快感に ブルー が 効く。新三共 胃腸薬。

飲み過ぎに 三共 胃腸 ドリンク。

大いなる	おおい·なる 커다란. ⇒大いなり(おおいなり 커다랗다)
期待	き·たい 기대.
胸に	むね·に 가슴에. ⇒に(-에)
古館伊知郎	ふる·たち·い·ち·ろう 후루타치 이치로우.
四十六才	よん·じゅう·ろっ·さい 46살. 46세.
一日	いち·にち 하루.
始まろうとしているのでありますが	
	はじまろ·う·と·し·て·いる·の·であり·ます·が
	시작되려 하는데. ⇒始まる(はじまる 시작되다)
	; -としている(막 -하려 하다) ; -の(것)
	; -である(-이다) ; -ます(-ㅂ니다) ; -が(-지만. -은데)
重い	おもい (머리가)무겁다.
むかつく	울렁거리다. 메슥거리다.
もたれる	속이 더부룩하다. ⇒凭れる(もたれる)
どうして	왜. 어째서.
この	이.
苦しみ	くるしみ 고통.
性懲りもなく	しょう·こり·も·なく 질리지도 않는지.
	⇒性懲り(しょうこり 질림)
繰り返してしまうのか	くり·かえして·しまう·の·か
	반복하는가. 반복해 버리는가.
	⇒繰り返す(くりかえす 반복하다)
	; -てしまう(-아/어 버리다)
胃	い 위.
不快感に	ふ·かい·かん·に 불쾌감에.
ブルー	ぶるー 블루.
効く	きく 잘 듣다.
新三共	しん·さん·きょう 신산쿄우.
胃腸薬	い·ちょう·やく 위장약.
飲み過ぎに	のみ·すぎ·に 과음에.
ドリンク	どりんく 드링크. ⇒drink

33

結_{むす}んで 束_{たば}ねて 1人分_{ひとりぶん}を 一束_{ひとたば}に。

また 結_{むす}んで 束_{たば}ねて スパゲッティーは ポポロスパ。

結_{むす}んで 束_{たば}ねて。 1人分_{ひとりぶん}を 一束_{ひとたば}に しました。

ポポロスパ。

便利_{べんり}でしょう。

結んで 束ねて 1人分を 一束に。

また 結んで 束ねて スパゲッティーは ポポロスパ。

結んで 束ねて。 1人分を 一束に しました。

ポポロスパ。

便利でしょう。

結んで	むすん・で 매고. ⇒結ぶ(むすぶ 매다)
束ねて	たばね・て 다발로 묶어.
1人分	ひとり・ぶん 1인분.
一束に	ひと・たば・に 한 다발로.
また	또.
スパゲッティー	すぱげってぃー 스파게티. ⇒spaghetti
ポポロスパ	ぽぽろすぱ 포포로스파.
一束に しました	ひと・たば・に・し・まし・た 한 다발로 만들었습니다.
便利でしょう	べん・り・でしょ・う 편리하지요.

34

(絶好調 真冬の恋 スピードにのって、急上昇 熱いハート 溶けるほど恋したい。ブレイク寸前 幸せへのゴール 私だけに ホワイト・ラブソング 歌って欲しい。)

アルペン・ジュニア・スキー。

3点セット 9800円。

ゲレンデがとけるほど 恋したい。

(絶好調 真冬の恋 スピードにのって、急上昇 熱いハート 溶けるほど恋したい。ブレイク寸前 幸せへのゴール 私だけに ホワイト・ラブソング 歌って欲しい。)

アルペン・ジュニア・スキー。

3点セット 9800円。

ゲレンデがとけるほど 恋したい。

絶好調	ぜっ·こう·ちょう 아주 좋음. 호조를 보임. 잘 나감.
真冬の	ま·ふゆ·の 한겨울의.
恋	こい 사랑.
スピードに	すぴーど·に 스피드에/를.
のって	타고. ⇒乗る(のる 타다)
急上昇	きゅう·じょう·しょう 급상승.
熱い	あつい 뜨겁다.
ハート	はーと 마음. 가슴. 심장. ⇒heart
溶けるほど	とける·ほど 녹을 정도로.
	⇒溶ける(とける 녹다) ; ほど(정도. 만큼)
恋したい	こい·し·たい 사랑하고 싶다.
	⇒恋する(こいする 사랑하다) ; -たい(-하고 싶다)
ブレイク	ぶれいく 브레이크. 터질듯한. 터지기. ⇒break
寸前	すん·ぜん 직전. 조금 전.
幸せへの	しあわせ·へ·の 행복을 향한.
ゴール	ごーる 골. 골인.
私だけに	わたし·だけ·に 나에게만.
ホワイト·ラブソング	ほわいと·らぶそんぐ 화이트 러브송.
歌って欲しい	うたっ·て·ほしい 노래하기 바란다.
	⇒歌う(うたう 노래하다) ; -てほしい(-하기 바라다)
アルペン·ジュニア·スキー	あるぺん·じゅにあ·すきー 알펜 주니어 스키.
3点セット	さん·てん·せっと 3종 세트.
9800円	きゅう·せん·はっ·ぴゃく·えん 9800엔.
ゲレンデが	げれんで·が 스키장. ⇒Gelände 독일어.

35

アクロンなら 毛糸洗いに
だけじゃなく、ランジェリー ブラウスなど
おしゃれ着が いろいろ洗えるんです。
いろいろしてくれて ありがとう。
毛糸洗いと おしゃれ着洗いに アクロン。ライオンから。

アクロンなら 毛糸洗いに
だけじゃなく、ランジェリー ブラウスなど
おしゃれ着が いろいろ洗えるんです。
いろいろしてくれて ありがとう。
毛糸洗いと おしゃれ着洗いに アクロン。ライオンから。

アクロン	あくろん 아쿠론.
なら	-이라면.
毛糸洗いに	け・いと・あらい・に 양모(울) 빨래에.
だけじゃなく	だけ・じゃ・なく -뿐만아니라.
ランジェリー	らんじぇりー 란제리.
ブラウスなど	ぶらうす・なお 블라우스 등.
おしゃれ着	お・しゃれ・ぎ 세련된(멋진) 옷.
が	-이/가.
いろいろ	여러 가지. 갖가지.
洗えるんです	あらえる・ん・です 빨 수가 있습니다. ⇒洗う(あらう 세탁하다. 빨다)
してくれて	し・て・くれ・て 해 주어서. ⇒する(하다) ; くれる(주다)
ありがとう	고마워.
毛糸洗いと	け・いと・あらい・と 양모(울) 빨래와.
ライオンから	らいおん・から 라이온으로부터.

36

えりこは その時 思った。

何なの このふりかけ 塩鮭さまさまなんて ふざけた名前。

だが 一口食べて えりこは 思った。

おいしい おいしすぎる。

こんなふりかけ 今まで 食べたことがないわ。

うん~ この食感がたまらない。

まさに さまさまとは このことなのね、と

えりこは思った。

永谷園から さまさまふりかけ 新発売なのね。

えりこは その時 思った。

何なの このふりかけ 塩鮭さまさまなんてふざけた名前。

だが 一口食べて えりこは 思った。

おいしい おいしすぎる。

こんなふりかけ 今まで 食べたことがないわ。

うん~ この食感がたまらない。

まさに さまさまとは このことなのね、と

えりこは思った。

永谷園から さまさまふりかけ 新発売なのね。

エリコは	えりこ·は 에리코는.
その時	その·とき 그 때.
思った	おもっ·た 생각했다. ⇒思う(おもう 생각하다)
何なの	なん·な·の 뭐지. 무엇인가.
このふりかけ	この·ふりかけ 이 후리카케
	(밥에 뿌려 먹는 것. 생선가루, 김, 깨 따위를 섞은 것)
塩鮭さまさま	しお·ざけ·さま·さま 소금에 절인 연어님들.
なんて	등. 따위(어떤 사물을 경시 또는 무시하는 경우에 쓰임).
	…이라니. …하다니.
	(의외·놀람·비판의 뜻을 나타냄). …라느니 하는.
ふざけた名前	ふざけ·た·な·まえ 말도 안 되는 이름.
	⇒ふざける(놀리다. 장난치다) ; 名前(なまえ 이름)
だが	하지만. 그러나.
一口	ひと·くち 한 입.
食べて	たべ·て 먹고.
おいしい	맛있다.
おいしすぎる	おいし·すぎる 정말 맛있다.
今まで	いま·まで 지금까지.
食べたことがないわ	たべ·た·こと·が·ない·わ 먹어본 적이 없어.
うん~	아~.
この食感が	この·しょっ·かん·が 이 입안의 감촉이.
たまらない	たまら·ない 참을 수 없다. 참을 수 없을 정도로 좋다
	(끝내주다).
まさに	정말로. 바로.
さまさまとは	さま·さま·とは 님님이라고 하는 것은. 님님이란.
このことなのね	この·こと·な·の·ね 이것이구나.
と	-라고.
永谷園から	なが·たに·えん 나가타니엔으로부터.
新発売なのね	しん·はつ·ばい·な·の·ね 새로 나왔네요.

1. 동사의 음편

❑ 5단활용동사가 활용할 때 뒤에 「て・た・たり」 등에 연결될 때 발음
을 편하게 하기 위해 일어나는 현상을 음편이라고 한다.

❑ い음편(イ音便): 어미가 く・ぐ일 때, 연용형 き・ぎ가 い로 변한다.
　☞ いて・いた・いたり/いで・いだ・いだり

> 聞く⇒聞きて⇒**聞いて**　　　　　泳ぐ⇒泳ぎて⇒**泳いで**

❑ 촉음편(促音便): 어미가 う・つ・る일 때, 연용형 い・ち・り가 っ로 변
한다.
　☞ って・った・ったり

> 合う⇒合いて⇒**合って**　　　　　立つ⇒立ちて⇒**立って**
> 終わる⇒終わり⇒**終わって**

❑ 발음편(撥音便): 어미가 ぬ・む・ぶ일 때, 연용형 に・み・び가 ん으
로 변한다.
　☞ んで・んだ・んだり

> 死ぬ⇒死にて⇒**死んで**　　　　　休む⇒休みて⇒**休んで**
> 飛ぶ⇒飛びて⇒**飛んで**

〈て〉

5,2　<u>かけ(かける)て</u>食べれ(食べる)ばパスタがうまい。

5,4　<u>かけ(かける)て</u>食べれ(食べる)ばパスタがうまい。

6,8　初めてもらっ(もらう)た贈り物のこと<u>覚え(覚える)</u>てい(いる)ますか。

10,1　コーンに生まれ(生まれる)たこの命ラーメンに<u>捧げ(捧げる)て</u>見せ(見せる)ましょ(ます)う。

13,2　アイフルでは二十四時間ご相談をお<u>受け(受ける)し(する)て</u>おり(おる)ます。

17,1　あの時働ける(働く)ことが当たり前だと<u>思っ(思う)て</u>まし(ます)た。

17,2　頑張れる(頑張る)今だから<u>忘れ(忘れる)て</u>はいけないものがあります。

18,2　え？ちゃんと<u>洗っ(洗う)て</u>るのに...本当だ。

18,10　スポンジの除菌も<u>でき(できる)て</u>清潔。

26,3　<u>うるおっ(うるおう)て</u>気持のいい髪になる。

31,1　銅版画家山本容子は<u>知っ(知る)て</u>いる。

32,1　大いなる期待を胸に古館伊知郎四十六才の一日が始まろ(始まる)う<u>とし(する)て</u>いるのであり(である)ますが、<u>重いむかつく</u>もたれる。

32,2　どうしてこの苦しみを性懲りもなく(ない)<u>繰り返し(繰り返す)て</u>しまうのか。

33,1　結ん(結ぶ)で<u>束ね(束ねる)て</u>１人分を一束に。

33,2　また結ん(結ぶ)で<u>束ね(束ねる)て</u>スパゲッティーはポポロスパ。

33,3　結ん(結ぶ)で<u>束ね(束ねる)て</u>。

34,1　絶好調真冬の恋スピードに<u>のっ(のる)て</u>、急上昇熱いハート溶けるほど恋し(恋する)たい。

34,2　ブレイク寸前幸せへのゴール私だけにホワイトラブソング<u>歌っ(歌う)て</u>欲しい。

35,3　いろいろ<u>し(する)て</u><u>くれ(くれる)て</u>ありがとう。

36,3　だが一口<u>食べ(食べる)て</u>エリコは<u>思っ(思う)</u>た。

〈で〉

8,2　こんな気持ちいいとこに<u>住ん(住む)</u>でたらさ、頭痛なんかないよね。

18,4　この泡がにおいを<u>包み込ん(包み込む)</u>で分解。

20,2　切れ目を入れ(入れる)た本場の鮭に野菜を<u>挟ん(挟む)</u>で挟み焼き。

33,1　<u>結ん(結ぶ)</u>で束ね(束ねる)て1人分を一束に。

33,2　また<u>結ん(結ぶ)</u>で束ね(束ねる)てスパゲッティーはポポロスパ。

33,3　<u>結ん(結ぶ)</u>で束ね(束ねる)て。

〈た〉

1,1　<u>来(来る)</u>た。

2,2　月見ちゃんが<u>やってき(やってくる)</u>た。

4,3　その人に<u>合っ(合う)</u>た借り方や返し方が相談できる。

6,8　初めて<u>もらっ(もらう)</u>た贈り物のこと覚え(覚える)てい(いる)ますか。

10,1　コーンに<u>生まれ(生まれる)</u>たこの命ラーメンに捧げ(捧げる)て見せ(見せる)ましょ(ます)う。

11,1　あれ、山田課長代理また<u>泊まっ(泊まる)</u>たみたい。

16,1　男は極秘任務を<u>帯び(帯びる)</u>た。

17,1　あの時働ける(働く)ことが当たり前だと<u>思っ(思う)</u>てまし(ます)た。

20,2　切れ目を<u>入れ(入れる)</u>た本場の鮭に野菜を挟ん(挟む)で挟み焼き。

21,1　何だか天気がいいので、ジゴロウとデートに<u>出かけ(出かける)</u>た。

21,8　いいキス<u>でき(できる)</u>た。

22,3　水に<u>なっ(なる)</u>た。

27,3　それは<u>よりすぐっ(よりすぐる)</u>た国産梅だけで正直に単純ですが、チョーヤの自信です。

28,5　水流と更に進化<u>し(する)</u>た超音波が洗浄力をグンとアップ。

30,4　明るく(明るい)<u>し(する)</u>た髪にピュアカラーネオ。

33,4 1人分を一束にし(する)まし(ます)た。
36,1 エリコはその時思っ(思う)た。
36,2 何なのこのふりかけ塩鮭さまさまなんてふざけ(ふざける)た名前。
36,3 だが一口食べ(食べる)てエリコは思っ(思う)た。
36,6 こんなふりかけ今まで食べ(食べる)たことがないわ。
36,8 まさにさまさまとはこのことなのねとエリコは思っ(思う)た。

〈たら〉

8,2 こんな気持ちいいとこに住ん(住む)でたらさ、頭痛なんかないよね。
14,3 大人になっ(なる)たら分かるって。

□다음 동사를 과거형(~た)이나 연용형(~て)으로 바꾸어 보자.

| 会う | 開く | 遊ぶ | 洗う | 有る | 住む |
| 立つ | 返す | 終わる | 頼む | 脱ぐ | 飛ぶ |

2. 상1단·하1단동사와 어미가 같은 5단동사

□어미가 「[i]+る·[e]+る」의 형태를 취하고 있지만 예외인 5단동사

□要る(いる)   帰る(かえる)   切る(きる)   入る(はいる)

31,1 銅版画家山本容子は知っ(知る)ている。
31,4 上質を知る人のネスカフェゴールドブレンド。

3. 특수활용동사

❑ 5단동사 중 연용형과 명령형이 특수하게 활용하는 동사로 「くださる
・なさる・おっしゃる・いらっしゃる」등이 있다.

❑ ・くださいます・ください   ・なさいます・なさい

  ・おっしゃいます・おっしゃい   ・いらっしゃいます・いらっしゃい

> 13,3 ご電話<u>ください</u>。

4. 정중의 조동사 **ます**(Ⅱ) 「~(ㅂ)니다」

❑ 동사 연용형과 동사 활용형 조동사의 연용형에 접속.

❑ 말하는 사람이 듣는 사람에게 공손한 뜻을 나타낸다.

❑ ません/ましょう・ました・ます・ます・ますれば・ませ/まし

〈ます의 활용표〉

미연형	ませ ましょ	ん う	・守りません(지키지 않습니다) ・守りましょう(지킵시다)
연용형	まし	た	・守りました(지켰습니다)
종지형	ます	。	・守ります(지킵니다)
연체형	ます	とき	・守りますとき(지킬때)
가정형	ますれ	ば	
명령형	ませ まし		

1) 미연형의 ましょ는 ましょう의 う가 생략된 채로 권유의 뜻을 나타내기도 한다.

2) 가정형 ますれば는 간혹 격식을 갖출 때 쓰이기도 하지만, 일반적인 회화체에서는 쓰이지 않고 ますと가 사용된다.

3) 명령형 ませ와 まし는 특정 동사 즉, 「いらっしゃる・おっしゃる・くださる・なさる」에만 쓰인다.

6,8 初めてもらっ(もらう)た贈り物のこと覚え(覚える)てい(いる)ますか。

8,4 サリドンは一錠で早く(早い)効き(効く)ます。

10,1 コーンに生まれ(生まれる)たこの命ラーメンに捧げ(捧げる)て見せ(見せる)ましょ(ます)う。

13,2 アイフルでは二十四時間ご相談をお受け(受ける)し(する)ており(おる)ます。

17,1 あの時働ける(働く)ことが当たり前だと思っ(思う)てまし(ます)た。

19,1 酢が湯垢を落とし(落とす)ます。

19,2 お風呂の湯垢を落とし(落とす)ます。

23,2 日ごろの備えと備える心があなたを地震から守り(守る)ます。

32,1 大いなる期待を胸に古館伊知郎四十六才の一日が始まろ(始まる)うとし(する)ているのであり(である)ますが、重いむかつくもたれる。

33,4 １人分を一束にし(する)まし(ます)た。

5. 희망의 조동사 **たい・たがる**「~하고 싶다・~하고 싶어 하다」

❏ 「たい」・「たがる」는 동사의 연용형이나, 동사형으로 활용하는 조동사의 연용형에 접속

❏ たかろう/たいだろう・たくない/たくなる/たかった・たい・たい・たければ・○
(1인칭과 2인칭에 쓰임)

❏ たがらない/たがろう・たがります/たがって/たがった・たがる・たがる・
たがれば・○(제3자의 희망에 쓰임)

> 24,2 それを私らしく(らしい)伝え(伝える)<u>たい</u>。
> 34,1 絶好調真冬の恋スピードにのっ(のる)て、急上昇熱いハート溶け
> るほど恋し(恋する)<u>たい</u>。
> 5,2 かけ(かける)て食べ<u>たい</u>パスタ。
> 10,1 コーンに生まれ(生まれる)たこの命ラーメンに捧げ(捧げる)<u>たい</u>。
> 36,3 だが一口食べ(食べる)<u>たい</u>とエリコは思っ(思う)た。
> 21,1 何だか天気がいいので、ジゴロウとデートに出かけ(出かける)<u>たい</u>。
> 17,2 頑張れる(頑張る)今だから忘れ(忘れる)<u>たい</u>ものがあります。
> 17,2 頑張れる(頑張る)今だからエリコは忘れ(忘れる)<u>たがる</u>ものがあり
> ます。
> 31,1 山本容子は銅販のことを知り(知る)<u>たがって</u>いる。
> 8,2 妹はこんな気持ちいいとこに<u>住み(住む)たがって</u>いる。
> 11,1 山田課長代理また泊まり(泊まる)<u>たがる</u>みたい。

6. 전문(伝聞 でんぶん)의 조동사 **そうだ**「~라고 한다」

❏ 활용어의 종지형에 접속

❏ ○・そうである・そうだ・○・○・○

31,1 銅版画家山本容子は知っ(知る)ている<u>そうだ</u>。
23,2 日ごろの備えと備える心があなたを地震から守る<u>そうだ</u>。
8,3 空気が超おいしい<u>そうだ</u>。
9,3 今なら暖房商品が全品安い<u>そうだ</u>。
25,1 レディースビゲンはきれいだ<u>そうだ</u>。
27,2 彼は紀州が好きだ<u>そうだ</u>。

7. 양태(様態 ようたい)의 조동사 **そうだ** 「~(ㄹ·ㄴ)것 같다(듯하다)」

❑ 동사의 연용형, 동사형 활용의 조동사 연용형, 형용사와 형용동사의 어간, 형용사형 활용의 조동사 어간에 접속

❑ そうだろう・そうである/そうになる/そうだった・そうだ・そうな・そうなら(ば)・○

4,3 その人に合っ(合う)た借り方や返し方が相談でき<u>そうだ</u>。
8,3 空気が超おいし<u>そうだ</u>。
25,3 しかもしなやか<u>そうだ</u>。
17,3 負けなさ<u>そうな</u>体をつくること。

🔄 주의

ない와 よい에 そうだ가 접속할 때는 なさそうだ(없는 것 같다)・よさそうだ(좋은 것 같다)라고 한다.

8. 비유·예시·불확실한 단정의 조동사 **ようだ**「~(ㄹ/ㄴ)듯하다·~와 같다」

❑ 동사·형용동사·조동사의 연체형, 연체사, 조사에 접속

❑ ようだろう·ようで/ようである/ようになる/ようだった·ようだ·ような·ようなら(ば)·○

31,1 銅版画家山本容子は知っ(知る)ている<u>ようだ</u>。(불확실한 단정)

36,3 だが一口食べ(食べる)てエリコは思っ(思う)た<u>ようだ</u>。(불확실한 단정)

2,2 月見ちゃんがやってくる<u>ようだ</u>。(불확실한 단정)

4,3 その人に合う<u>ような</u>借り方や返し方が相談できる。(불확실한 단정)

10,1 コーンの<u>ように</u>生まれ(生まれる)たこの命ラーメンに捧げ(捧げる)て見せ(見せる)ましょ(ます)う。(비유)

11,1 あれ、山田課長代理また泊まっ(泊まる)た<u>ようだ</u>。(불확실한 단정)

11,1 山本課長は山田課長代理の<u>ように</u>また泊まっ(泊まる)た。(예시)

16,1 男は極秘任務を帯び(帯びる)た<u>ようだ</u>。(불확실한 단정)

22,3 私の体が水の<u>ように</u>溶けてドロドロになっ(なる)た。(비유)

36,6 エリコはこんなふりかけ今まで食べ(食べる)たことがない<u>ようだ</u>。(불확실한 단정)

9. 추정의 조동사 **らしい**

❑ 동사·형용사의 종지형, 형용동사 어간, 명사, 부사, 조사, 조동사에
접속

❑ ○ · らしくない/らしかった · らしい · らしい · ○ · ○

❑ 추정이란 추측을 해서 단정한다라는 뜻이므로, らしい는 거의 단정의
조동사 だ를 사용해도 무방할 정도일 경우에 사용된다. 따라서 らし
い는 추측이 거의 틀림없다는 근거나 증거가 필요하다.

31,1 銅版画家山本容子は知っ(知る)ている<u>らしい</u>。

2,2 月見ちゃんがやってくる<u>らしい</u>。

11,1 あれ、山田課長代理また泊まっ(泊まる)た<u>らしい</u>。

16,1 男は極秘任務を帯び(帯びる)た<u>らしい</u>。

21,1 天気がいいので、エリコはジゴロウとデートに出かけ(出かける)た
<u>らしい</u>。

36,6 エリコはこんなふりかけ今まで食べ(食べる)たことがない<u>らしい</u>。

24,2 それを私<u>らしく</u>(らしい)伝え(伝える)たい。(접미어)

실용일본어_와

文法

37

写真家の イマジネーションが 広がる。

その豊かな情感まで メディオは 鮮やかに 再現する。

コピー ファックス プリンター。そして ネットワークへ。

キャノン MEDIO。始めよう 高画質デジタル・オフィスワーク

写真家の イマジネーションが 広がる。

その豊かな情感まで メディオは 鮮やかに 再現する。

コピー ファックス プリンター。そして ネットワークへ。

キャノン MEDIO。始めよう 高画質デジタル・オフィスワーク。

写真家の	しゃ・しん・か・の 사진가의.
イマジネーションが	いまじねーしょん・が 이메지네이션이. ⇒imagination
広がる	ひろがる 넓어진다.
その	ユ.
豊かな	ゆたかな 풍부한.
情感まで	じょう・かん・まで 정감까지.
メディオは	めでぃお・は 메디오는.
鮮やかに	あざやか・に 선명하게.
再現する	さい・げん・する 재현한다.
コピー	こぴー 카피. ⇒copy
ファックス	ふぁっくす 팩스. ⇒fax
プリンター	ぷりんたー 프린터. ⇒printer
そして	ユ리고.
ネットワークへ	ねっとわーく・へ 네트워크에. ⇒network
キャノン	きゃのん 캐논. ⇒Canon
始めよう	はじめ・よう 시작하자. ⇒始める(はじめる 시작하다)
高画質	ごう・が・しつ 고화질.
デジタル・オフィスワーク	でじたる・おふぃすわーく 디지털 오피스워크. ⇒digital office work

38

あの日の私から 勇気を 連れてきたの。
支えてくれて 何時も ありがとう。
だから 涙さえ 越えられた。

あの日の私から 勇気を連れてきたの。
支えてくれて何時もありがとう。
だから涙さえ越えられた。

あの日	あの·ひ 그날.
私から	わたし·から 나에게서.
勇気	ゆう·き 용기.
連れてきたの	つれ·て·き·た·の 데려 왔어. ⇒連れる(つれる 데리고 가다)
支えてくれて	ささえ·て·くれ·て 지켜 주어. ⇒支える(ささえる 지탱하다)
何時も	いつも 언제나. 늘.
ありがとう	고마워.
だから	그래서.
涙さえ	なみだ·さえ 눈물까지. ⇒さえ(-까지. 조차)
越えられた	こえ·られ·た 이겨낼 수 있었다.
	⇒越える(こえる 넘다. 초월하다)

39

蟻、蟻。

嘘っぽいの あり、蟻。

大げさすぎるの あり、あり、あり。

分かり難いのあり、あり。

そんな広告あり、あり。

そんなのあり、って感じたら、JARO(日本広告 審査 機構)に聞いた

ら どうジャロ。

蟻、蟻。

嘘っぽいのあり、蟻。

大げさすぎるのあり、あり、あり。

分かり難いのあり、あり。

そんな広告あり、あり。

そんなのあり、って感じたら、JARO(日本広告審査機構)に聞いたら

どうジャロ。

蟻	あり 개미.
嘘っぽい	うそ・っぽい 거짓(말) 같다. ⇒-っぽい(-인 것 같다)
有り	あり 있음.
大げさすぎる	おお・げさ・すぎる 지나치게 과장되다.
	⇒大げさ(おおげさ 과장) ; -すぎる(-지나치다)
分かり難い	わかり・にくい 알기 어렵다.
	分かる(わかる 알다. 이해하다)
	; -難い(にくい -하기 어렵다)
そんな	그런.
広告	こう・こく 광고.
感じたら	かん・じ・たら 느끼면. ⇒-たら(-면) ; 感じる(かんじる 느끼다)
日本広告	ひ・ほん・こう・こく 일본광고.
審査機構	しん・さ・き・こう 심사기구.
に	-에.
聞いたら	きい・たら 물어보면(어떠할까요). ⇒聞く(きく 묻다. 듣다)

40

韓国で 絶大な ヒットを 記録した 話題作が
満を持して いよいよ 登場。
天国の 階段。
韓国を 代表する スーパー スター達の 共演は 勿論、
絶大に 目が 離せない ストーリー 展開は 必見。
「僕が 戻ってきたら、この 場所に 絵を 描いて 君に プレゼントす
るよ。悲しみもない、別もない、苦しみもない 世界、天国を」
天国の 階段 ご覧の 時間に オンエアー。

韓国で絶大なヒットを記録した話題作が満を持していよいよ登場。
天国の階段。
韓国を代表するスーパースター達の共演は勿論、
絶対に目が離せないストーリー展開は必見。
「僕が戻ってきたら、この場所に絵を描いて君にプレゼントするよ。
悲しみもない、別れもない、苦しみもない世界、天国を」
天国の階段ご覧の時間にオンエアー。

韓国で	かん・こく・で 한국에서.
絶大な	ぜつ・だい・な 엄청난. 대단한.
ヒット	ひっと 히트.
記録した	き・ろく・し・た 기록했다.
話題作	わ・だい・さく 화제작.
満を持して	まん・を・じ・し・て 기다린 끝에.
	⇒ 満を持する(まんをじする 준비를 충분히 하여 적당한 시기가 오는 것을 기다리다. 만반의 준비로 기다리다)
いよいよ	드디어.
登場	とう・じょう 등장.
天国の階段	てん・ごく・の・かい・だん 천국의 계단.
代表する	だい・ひょう・する 대표하다
スーパー スター達	すーぱー・すたー・たち 슈퍼스타들.
共演	きょう・えん 공연. 함께 연기함.
勿論	もち・ろん 물론.
絶対に	ぜっ・たい・に 절대로.
目が離せない	め・が・はなせ・ない 눈을 뗄 수 없다.
	⇒離す(はなす 떼다. 놓아두다).
ストーリー	すとーりー 스토리.
展開	てん・かい 전개.
必見	ひっ・けん 반드시 보아야 할 것. 볼만한 가치가 있는 것.
僕	ぼく 나.
戻ってきたら	もどっ・て・き・たら 돌아오면. ⇒ 戻る(もどる 돌아오다).
場所に	ば・しょ・に 장소에.
絵を描いて	え・を・えがい・て 그림을 그려. ⇒描く(えがく 그리다).
君に	きみ・に 너에게.
プレゼントするよ	ぷれぜんと・する・よ 선물할게.
悲しみもない	かなしみ・も・ない 슬픔도 없다.
別れもない	わかれ・も・ない 이별도 없다.
苦しみもない	くるしみ・も・ない 고통도 없다.
世界	せ・かい 세계.
ご覧の時間に	ご・らん・の・じ・かん・に 아래 보이는 시간에 (보시는 시간에).
オンエアー	おんえあー 온에어. 방영.

41

後ろ ちょっと 手伝って。 いいよ。
白髪を 染める 母の 顔が いつもより 優しくなっている。
ブローネ 薫り ヘア カラー。
本当 ツンと しない。 優しいよね。
ず～っと 使う 物だしね。
ハーブの 薫りで 私まで 穏やかな 気持ちに なっていた。
薫りが 優しい ブローネ 薫り ヘア カラー。
きれいに 染まってる。ブローネ。

後ろ ちょっと 手伝って。 いいよ。
白髪を 染める 母の 顔が いつもより 優しくなっている。
ブローネ 薫り ヘア カラー。
本当 ツンと しない。 優しいよね。
ず～っと 使う 物だしね。
ハーブの 薫りで 私まで 穏やかな 気持ちに なっていた。
薫りが 優しい ブローネ 薫り ヘア カラー。
きれいに 染まってる。 ブローネ。

後ろ	うしろ 뒤.
ちょっと	조금. 잠깐.
手伝って	てつだっ·て 도와줘.
いいよ	いい·よ 그래요. 좋아요.
白髪	しらが 흰 머리카락. 백발.
染める	そめる 염색하다. 물들이다.
母	はは 엄마.
顔	かお 얼굴.
いつもより	いつ·も·より 여느 때보다. 평상시 보다.
優しくなっている	やさし·く·なっ·て·いる 부드러워졌다.
	⇒優しい(やさしい 상냥하다. 곱다. 아름답다)
	; -なっている 되어 있다.
ブローネ	ぶろーね 브로오네.
薫り	かおり 향.
ヘア カラー	へあ·からー 헤어 칼러. ⇒hair color
本当	ほん·とう(ほん·と) 정말. 정말로. 진짜.
ツンとしない	つんと·し·ない 냄새 심하지 않네.
	⇒ツンと (몹시 냄새가 나는 것을 말함) 콕. 확. 콱. 쾨쾨.
優しいよね	やさしい·よ·ね 부드럽네. 순하네.
ず~っと	쭉. 계속. ⇒ずっと
使う	つかう 쓰다. 사용하다.
物だしね	もの·だ·し·ね 것이고. ⇒-だし -이고.
ハーブ	はーぶ 허브.
薫りで	かおり·で 향으로.
私まで	わたし·まで 나까지.
穏やかな	おだやか·な 온화한. 조용한.
	⇒穏やかだ(おだやかだ 온화하다. 조용하다)
気持ち	き·もち 기분.
になっていた	に·なっ·て·い·た -이/가 되어 있었다.
きれいに	き·れい·に 깨끗하게. 아름답게.
染まってる	そまっ·て·る 물들여 있다. ⇒染まる(そまる 물들다)

42

今の 自動車保険って 実は 高いのかな。

見直そう、見直そう。(損保)自動車保険を見直そう。

そんぽ(損保)24で見直そう。

さあ、見積もりだ、見積もりだ。

あー、もしもし、見積もりの件なんですが。

0120-999-800へ。見直そうかな。電話 ピンポンパンポン 損保24。

今の自動車保険って実は高いのかな。

見直そう、見直そう。(損保)自動車保険を見直そう。

そんぽ(損保)24で見直そう。

さあ、見積もりだ、見積もりだ。

あー、もしもし、見積もりの件なんですが。

0120-999-800へ。見直そうかな。電話 ピンポンパンポン 損保24

今の	いま·の 지금의. 요새.
自動車保険って	じ·どう·しゃ·ほ·けん·って 자동차 보험은.
実は	じつ·は 실은.
高いのかな	たかい·の·かな 비쌀까.
見直そう	み·なおそ·う 다시 보자.
	⇒見直す(みなおす 다시 보다).
損保	そん·ぽ 손해보험.
	⇒損害保険(そんがいほけん의 준말).
さあ	자.
見積もりだ	み·つもり·だ 견적이다.
あー、もしもし	아, 여보세요.
見積もりの件なんですが	み·つもり·の·けん·な·ん·です·が 견적에 관한 건입니다만.
見直そうかな	み·なおそ·う·かな 다시 생각해 볼까.
電話	でん·わ 전화.
ピンポンパンポン	전화번호 누르는 소리

1. 접속사(接続詞 せつぞくし)

❏ 접속사는 단어와 단어, 어절과 어절, 또는 문장과 문장을 연결해주
는 역할을 하는 단어이다.

1) 활용을 하지 않는다.

2) 자립어로 단독으로 접속어가 되며, 주어, 술어, 수식어가 될 수 없다.

> 8,3 <u>だって</u>スイスだし、空気が超おいしい。
>
> 18,3 <u>そこで</u>においを落とすファミリーピュア。
>
> 21,6 <u>だけど</u>すごい。
>
> 23,1 突然<u>そして</u>思いがけない大きさ(大きい)でやってくる地震。
>
> 25,2 <u>なのに</u>速い。
>
> 27,5 <u>それで</u>ね。
>
> 36,3 <u>だが</u>一口食べ(食べる)てエリコは思っ(思う)た。
>
> 37,3 コピー、ファックス、プリンター、<u>そして</u>ネットワークへ。
>
> 38,3 <u>だから</u>涙さえ越え(越える)られ(られる)た。

2. 접속조사(接続助詞 せつぞくじょし)

❏ 활용하는 말 뒤에 붙어서 접속사와 같이 앞의 말이나 어절을 뒤의
말이나 어절에 접속시키는 역할을 하는 조사를 말한다.

> 3,4 僕新人だ<u>から</u>。
>
> 5,2 かけ(かける)<u>て</u>食べれ(食べる)<u>ば</u>パスタがうまい。
>
> 5,4 かけ(かける)<u>て</u>食べれ(食べる)<u>ば</u>パスタがうまい。
>
> 6,8 初めてもらっ(もらう)た贈り物のこと覚え(覚える)<u>てい</u>(いる)ますか。

8,2 こんな気持ちいいとこに住ん(住む)<u>で</u>(いる)たらさ、頭痛なんかないよね。

8,3 だってスイスだ<u>し</u>、空気が超おいしい。

10,1 コーンに生まれ(生まれる)たこの命ラーメンに捧げ(捧げる)<u>て</u>見せ(見せる)ましょ(ます)う。

11,3 ごめんね家遠い<u>もんで</u>。

13,2 アイフルでは二十四時間ご相談をお受け(受ける)し(する)<u>て</u>おり(おる)ます。

17,1 あの時働ける(働く)ことが当たり前だと思っ(思う)<u>て</u>(いる)まし(ます)た。

17,2 頑張れる(頑張る)今だから忘れ(忘れる)<u>て</u>はいけないものがあり(ある)ます。

18,2 え？ちゃんと洗っ(洗う)<u>て</u>る(いる)<u>のに</u>...本当だ。

18,4 この泡がにおいを包み込ん(包み込む)<u>で</u>分解。

18,10 スポンジの除菌もでき(できる)<u>て</u>清潔。

20,2 切れ目を入れ(入れる)た本場の鮭に野菜を挟ん(挟む)<u>で</u>挟み焼き。

21,1 何だか天気がいい<u>ので</u>、ジゴロウとデートに出かけ(出かける)た。

21,2 四角い窓からキスする<u>と</u>、私の時間が絵に変わる。

25,5 早染めクリームだ<u>から</u>、

26,3 うるおっ(うるおう)<u>て</u>気持のいい髪になる。

27,3 それはよりすぐっ(よりすぐる)た国産梅だけで正直に単純です<u>が</u>、チョーヤの自信です。

28,1 一見どこから見(見る)<u>ても</u>普通の洗濯機です<u>が</u>、ななめ。

28,3 ななめにする<u>と</u>流れが変わる。

31,1 銅版画家山本容子は知っ(知る)<u>て</u>いる。

32,1 大いなる期待を胸に古館伊知郎四十六才の一日が始まろ(始まる)うとし(する)<u>て</u>いるのであり(である)ます<u>が</u>、重いむかつくもたれる。

32,2 どうしてこの苦しみを性懲りもなく(ない)繰り返し(繰り返す)てしまうのか。

33,1 結ん(結ぶ)で束ね(束ねる)て 1 人分を一束に。

33,2 また結ん(結ぶ)で束ね(束ねる)てスパゲッティーはポポロスパ。

33,3 結ん(結ぶ)で束ね(束ねる)て。

34,1 絶好調真冬の恋スピードにのっ(のる)て、急上昇熱いハート溶けるほど恋し(恋する)たい。

34,2 ブレイク寸前幸せへのゴール私だけにホワイトラブソング歌っ(歌う)て欲しい。

35,3 いろいろし(する)てくれ(くれる)てありがとう。

36,3 だが一口食べ(食べる)てエリコは思っ(思う)た。

38,1 あの日の私から勇気を連れ(連れる)てき(くる)たの。

38,2 支え(支える)てくれ(くれる)て何時もありがとう。

40,1 韓国で絶大な(絶大)ヒットを記録し(する)た話題作が満を持し(満を持する)ていよいよ登場。

40,4 僕が戻っ(戻る)てき(くる)たら、この場所に絵を描い(描く)て君にプレゼントするよ。

41,1 後ろちょっと手伝っ(手伝う)て。

41,3 白髪を染める母の顔がいつもより優しく(優しい)なっ(なる)ている。

41,7 ず~っと使う物だしね。

41,8 ハーブの薫りで私まで穏やかな(穏やか)気持ちになっ(なる)てい(いる)た。

41,10 きれいに(きれい)染まっ(染まる)てる。

42,8 あー、もしもし、見積もりの件なんですが。

3. 접두사(接頭辞 せっとうじ・接頭語 せっとうご:접두어)

❏ 접두사는 단독으로 사용되지 못 하고 항상 다른 말의 앞에 붙어서 의미를 첨가해준다. 「お・ご・超・急・ま/まっ/まん・こ・す」

> 6,10 内祝いは<u>シャディのお店かサラダ館へ。
> 7,2 パパ初段、ママ二段、キティーちゃんは三段<u>お</u>重。
> 7,6 <u>初</u>ハロー重パック 。
> 8,3 だってスイスだし、空気が<u>超</u>おいしい。
> 13,2 アイフルでは二十四時間<u>ご</u>相談を<u>お</u>受け(受ける)し(する)ており(おる)ます。
> 13,3 <u>ご</u>電話ください。
> 15,5 T'ESTIMOから<u>新</u>ルージュ誕生。
> 15,6 カネボウの<u>お</u>店へ。
> 19,2 <u>お</u>風呂の湯垢を落とし(落とす)ます。
> 19,5 <u>お</u>酢の力でぴかぴか。
> 22,9 <u>新</u>発売。
> 24,6 キャノン<u>新</u>カラーファクスフォン。
> 28,2 わずか１０度の<u>新</u>発想。
> 29,4 ノイエファイバーリキッド<u>新</u>登場。
> 32,4 <u>新</u>三共胃腸薬。
> 34,1 絶好調<u>真</u>冬の恋スピードにのっ(のる)て、急上昇熱いハート溶けるほど恋し(恋する)たい。
> 34,1 絶好調真冬の恋スピードにのっ(のる)て、<u>急</u>上昇熱いハート溶けるほど恋し(恋する)たい。
> 35,2 だけじゃなく、ランジェリーブラウスなど<u>お</u>しゃれ着がいろいろ洗える(洗う)んです。
> 35,4 毛糸洗いと<u>お</u>しゃれ着洗いにアクロン。

36,9 永谷園からさまさまふりかけ新発売なのね。
40,6 天国の階段ご覧の時間にオンエアー。

4. 접미사(接尾辞 せつびじ · 接尾語 せつびご:접미어)

❏ 접미사는 단독으로 사용되지 못 하고 항상 다른 말의 뒤에 붙어서
의미를 첨가해주며, 앞의 말의 문법적 기능을 바꾸는 경우도 있다.
「さん・み・さ・らしい・さま・っぽい・にくい・たち・ぶり・め・がち・お
き・じゅう」

1,2 学生さんは金がない。
1,3 学割で電話代半額。
4,3 その人に合っ(合う)た借り方や返し方が相談できる 。
5,5 アサリのうまみ(うまい)いっぱい。(형용사⇒전성명사)
11,6 今キャンペーン実施中 。
23,1 突然そして思いがけない大きさ(大きい)でやってくる地震。(형용
사⇒전성명사)
24,2 それを私らしく(らしい)伝え(伝える)たい(명사⇒형용사)。
36,2 何なのこのふりかけ塩鮭さまさまなんてふざけ(ふざける)た名前。
39,2 嘘っぽいのあり、蟻。(명사⇒형용사)
39,4 分かり(分かる)難いのあり、蟻。(동사⇒형용사)
40,3 韓国を代表するスーパースター達の共演は勿論、絶対に目が離
せ(離す)ないストーリー展開は必見。

5. 연어(連語 れんご)

❑ 연어는 둘 이상의 단어가 연결되어서 한 단어와 비슷한 기능을 하는 말로, 둘 이상의 단어가 연결되어서 한 단어와 똑같은 기능을 하는 복합어와는 다르다.

9,1 山田で欲張ら(欲張る)なくちゃ(ない) 。(ちゃ⇒ては⇒て＋は)
11,2 夢のマイホームも片道三時間じゃね。(じゃ⇒では⇒で＋は)
17,2 頑張れる(頑張る)今だから忘れ(忘れる)てはいけないものがあり(ある)ます。(行ける＋ない⇒いけ＋ない)
18,1 何かカレーのにおいがするよママ。(何＋か)
20,4 何かお母さんとお母さんの挟み焼き。(何＋か)
31,3 人生にはコーヒーが必要です。(に＋は)
32,1 大いなる期待を胸に古館伊知郎四十六才の一日が始まろ(始まる)うとし(する)ているのであり(である)ますが、重いむかつくもたれる。(と＋する)
34,2 ブレイク寸前幸せへのゴール私だけにホワイトラブソング歌っ(歌う)て欲しい。(だけ＋に)
35,2 だけじゃなく、ランジェリーブラウスなどおしゃれ着がいろいろ洗える(洗う)んです。(じゃ⇒では⇒で＋は)
36,7 うん～この食感がたまらない。(たまる＋ない⇒たまら＋ない)
36,8 まさにさまさまとはこのことなのねとエリコは思っ(思う)た。(と＋は)
42,1 今の自動車保険って実は高いのかな。(か＋な)
42,10 見直そ(見直す)うかな。(か＋な)

6. 조사 って

□ 조사「って」는 격조사(…と・…という), 계조사(係助詞 かかりじょし・けいじょし…というのは・と言われても), 종조사(…ということだ・…そうだ)로 쓰인다.

> 6,3 やる<u>って</u>。(종조사:가벼운 자신의 주장 <…(한)다니까>)
> 6,5 やる<u>って</u>。(종조사:가벼운 자신의 주장 <…(한)다니까>)
> 6,6 いい<u>って</u>。(종조사:가벼운 자신의 주장 <…(한)다니까>)
> 14,3 大人になっ(なる)たら分かる<u>って</u>。(종조사:가벼운 자신의 주장 <…(한)다니까>)
> 39,6 そんなのあり<u>って</u>感じ(感じる)たら、JARO(日本広告審査機構)に聞い(聞く)たらどうジャロ。(격조사:…<이>라고)
> 42,1 今の自動車保険<u>って</u>実は高いのかな。(계조사:…<이>라는 것은, …<이>란)

7. 형식명사(形式名詞 けいしきめいし)

□ 형식명사는 그 단어가 명사로서 나타내는 실질적인 의미 즉 본래의 뜻을 잃고, 항상 연체수식어(連体修飾語) 뒤에 형식적으로 사용되는 명사이다. 보조 동사나 보조 형용사와 같이 한자로 쓰지 않고 보통 가나로 표기한다.「こと・わけ・はず・もの・ところ・つもり・とおり・ため・まま・ほう・うち」등이 있다.

> 17,1 あの時働ける(働く)<u>こと</u>が当たり前だと思っ(思う)て(いる)まし(ます)た。

17,3　負け(負ける)ない体をつくる<u>こと</u>。
25,6　いい<u>こと</u>三つも。
36,6　こんなふりかけ今まで食べ(食べる)た<u>こと</u>がないわ。
36,8　まさにさまさまとはこの<u>こと</u>なのねとエリコは思っ(思う)た。
17,2　頑張れる(頑張る)今だから忘れ(忘れる)てはいけない<u>もの</u>があり(ある)ます。

8. 피동・가능・존경・자발의 조동사 **れる・られる**「~되다/~당하다/~지 다・~할 수 있다・~하시다・(저절로)~하다/~되다」

☐ れる는 5단동사와 する(される)의 미연형에 접속

☐ られる는 상1단동사, 하1단동사와 来る(こられる)의 미연형에 접속

☐ れない/れよう・れます・れる・れる・れれば・れろ/れよ

☐ られない/られよう・られます・られる・られる・られれば・られろ/られよ

16,5　信じ(信じる)<u>られる</u>のは自分一人な(だ)のか。(가능)
38,3　だから涙さえ越え(越える)<u>られ</u>(られる)た。(가능)
17,2　頑張れる(頑張る)今だから忘れ(忘れる)<u>られ</u>てはいけないものがあります。(피동)
31,1　銅版画家山本容子には知ら(知る)<u>れ</u>ている。(피동)

18,4 この泡ににおいが包み込ま(包み込む)れて分解。(피동)

36,3 だが弟に一口食べ(食べる)られてエリコは思っ(思う)た。(피동)

20,2 切れ目が入れ(入れる)られた本場の鮭に野菜を挟ん(挟む)で挟み焼き。(피동)

1,1 先生が来る(来る)られた。(존경)

11,1 あれ、山田課長代理また泊まら(泊まる)れたみたい。(존경)

21,1 天気がいいので、先生はジゴロウとデートに出かけ(出かける)られた。(존경)

36,1 エリコはその時思い出さ(思い出す)れた。(자발)

9. 추측 · 의지의 조동사 う · よう 「~하겠지/하겠다 · ~하자」

❑ う는 5단동사·형용사·형용동사의 미연형, 조동사 た · ない · たい · そうだ · ようだ · だ · です·ます의 미연형에 접속

9,4 山田で買お(買う)う。

9,5 買お(買う)う。

9,6 買お(買う)う。

10,1 コーンに生まれ(生まれる)たこの命ラーメンに捧げ(捧げる)て見せ(見せる)ましょ(ます)う。

18,6 もうにおわ(におう)ないでしょ(です)う。

26,2 ダメージをなくそ(なくす)う。

28,7 これからはななめドラムと超音波で洗お(洗う)う。

32,1 大いなる期待を胸に古館伊知郎四十六才の一日が始まろ(始まる)うとし(する)ているのであり(である)ますが、重いむかつくもたれる。

33,6 便利でしょ(です)<u>う</u>。
42,2 見直そ(見直す)<u>う</u>。
42,3 見直そ(見直す)<u>う</u>。
42,4 損保自動車保険を見直そ(見直す)<u>う</u>。
42,5 損保24で見直そ(見直す)<u>う</u>。
42,10 見直そ(見直す)<u>う</u>かな。

□ ようは 상1단동사・하1단동사・来る(こよう)・する(しよう)의 미연형, 조동사 せる・させる・れる・られる의 미연형에 접속

14,1 マイライン選ぶなら日本テレコムにし(する)<u>よう</u>。
24,3 自分のカラーを発信し(する)<u>よう</u>。
37,5 始め(始める)<u>よう</u>高画質デジタルオフィスワーク。

□ ○・○・う/よう・う/よう(こと・はず)・○・○

□ 연체형에는 こと・はず와 같이 한정된 말에만 쓰인다.

10. 부정 추량・의지의 조동사 まい「~지 않겠지/지 않겠다・~지 말자」

□ 5단동사와 조동사 ます・たがる의 종지형, 5단동사 ます의 종지형, 상1단동사・하1단동사・来る(こまい)・する(しまい)・하1단동사형 조동사의 미연형, 조동사 せる・させる・れる・られる의 미연형,

❑○・○・まい・まい(こと)・○・○

❑부정의 추측을 나타낼 때에는 まい보다 ないだろう를 주로 사용한다.

> 9,4 エリコは山田で買う<u>まい</u>。(買わないだろう)
> 28,7 これからはななめドラムと超音波では洗う<u>まい</u>。
> 14,1 マイライン選ぶなら日本テレコムにはし<u>まい</u>。
> 37,5 高画質デジタルオフィスワークじゃないと始め<u>まい</u>。
> 涙は見せます<u>まい</u>。

11. 격조사 より「~보다」

❑격조사 より는 비교의 기준・한정(뒤에 부정표현이 옴)・출발점・한계
등을 나타낸다.

> 41,3 白髪を染める母の顔がいつも<u>より</u>優しく(優しい)なっ(なる)ている。

12. 감동사

□ 감동사는 감동(기쁨·분노·슬픔·즐거움·놀라움·공포 등)이나 응답·부름·인사 등을 나타내는 말이다. ☞ **3.5. 참고**

11,1 <u>あれ</u>、山田課長代理また泊まっ(泊まる)たみたい。(감동)
12,10 <u>あ</u>。(감동)
12,16 <u>あ</u>。(감동)
18,2 <u>え</u>？ちゃんと洗っ(洗う)てるのに...本当だ。(감동)
18,7 <u>うん</u>。(대답)
18,8 <u>あ～ん</u>。(감동)
19,4 <u>あ</u>、酢酢酢　<u>あ</u>、酢酢酢。(감동)
20,1 <u>有り難う</u>。(인사)
20,3 <u>お～</u>、うまい。(감동)
21,3 <u>ね</u>？ジゴロウ。(부름)
27,4 <u>あ</u>　なるほど。(감동)
35,3 いろいろし(する)てくれ(くれる)て<u>ありがとう</u>。(인사)
36,7 <u>うん～</u>この食感がたまらない。(감동)
38,2 支え(支える)てくれ(くれる)て何時も<u>ありがとう</u>。(인사)
42,6 <u>さあ</u>、見積もりだ。(감동)
42,8 <u>あー</u>、<u>もしもし</u>、見積もりの件なんですが。(감동)(부름)

13. 부사(副詞 ふくし)

❑ 부사는 뒤에 오는 용언을 수식하고 문장의 뜻을 자세하게 설명한다.

1) 활용하지 않는다.

2) 자립어로 주로 용언을 수식한다.

3) 때로 용언 이외에 명사나 부사를 수식하기도 한다.

3,6 キンチョー <u>どんと</u>。

5,1 アサリが <u>いっぱい</u> パスタが うまい。

5,5 アサリの うまみ <u>いっぱい</u>。

6,8 <u>初めて</u> もらった 贈り物のこと 覚えていますか。

8,4 サリドンは 一錠で <u>早く</u> 効きます。

10,2 <u>シャキッと</u> 歯ごたえ。

10,3 <u>シャキッと</u> コーン。

11,1 あれ、山田課長 代理 <u>また</u> 泊まったみたい。

14,4 市内から 国際まで <u>いつまでも</u> 安く。

18,6 <u>もう</u> におわないでしょう。

28,2 <u>わずか</u> １０度の 新発想。

28,5 水流と <u>更に</u> 進化した 超音波が 洗浄力を <u>グ～ンと</u> アップ。

41,1 後ろ <u>ちょっと</u> 手伝って。

41,3 白髪を 染める 母の 顔が <u>いつも</u>より 優しく なっている。

41,5 本当 <u>ツンと</u> しない。

41,7 <u>ず～っと</u> 使う 物だしね。

14. 외래어(外来語 がいらいご)

□ 영어에서 온 외래어

アパート	apartment building	エレベーター	elevator
カップ	cup	カメラ	camera
カレー	curry	カレンダー	calendar
ギター	guitar	クラス	class
グラス	glass/grass	コート	overcoat
コピー(する)	copy	シャツ	shirt
シャワー	shower	スカート	skirt
ストーブ	stove	スプーン	spoon
スポーツ	sports	スリッパ	slipper
セーター	sweater	ゼロ	zero
タクシー	taxi	テープ	tape
テーブル	table	テープレコーダー	tape recorder
テスト	test	デパート	department store
テレビ	television	ドア	door
トイレ	toilet	ナイフ	knife
ニュース	news	ネクタイ	necktie
ノート	note	パーティー	party
バス	bus	バター	butter
ハンカチ	handkerchief	フィルム	film
プール	pool	フォーク	fork
ページ	page	ベッド	bed
ペット	pet	ペン	pen
ボールペン	ball pen	ポケット	pocket
ホテル	hotel	マッチ	match

ラジオ	radio	ラジカセ	radio cassette recorder
レコード	record	レストラン	restaurant
ワイシャツ	white shirt		

❏ 네덜란드어에서 온 외래어

コーヒー	koffie	コップ	kop

❏ 프랑스어에서 온 외래어

キロ(グラム)	kilogramme	キロ(メートル)	kilomètre
ズボン	jupon	メートル	mètre

❏ 포르투갈어에서 온 외래어

パン	pão

❏ 포르투갈어와 영어에서 온 외래어

ボタン	botão/button

실용일본어와

文法

001	1,1	来た。
002	1,2	(学生さんは 金がない)
003	1,3	学割で 電話代 半額。
004	1,4	エーユー バイ ケーディー ディーアイ(aU by KDDI)。
005	2,1	マクドナルド。
006	2,2	月見ちゃんが やってきた。
007	2,3	マクドナルド。
008	2,4	月見バーガーの 季節です。
009	2,5	この秋も 日本 全国 月見バーガー。
010	2,6	マクドナルド。
011	3,1	どんとマン。アタック。
012	3,2	どんとマン。
013	3,3	痛くない。
014	3,4	僕 新人だから。
015	3,5	ハーット 暖まる。
016	3,6	キンチョー どんと。
017	4,1	あの 黄色い 看板 何?
018	4,2	プロミスですよ。
019	4,3	その人に 合った 借り方や 返し方が 相談できる。
020	4,4	相談できるの?
021	4,5	そうだんです。
022	4,6	サブ。
023	4,7	黄色い 看板 プロミス。
024	5,1	アサリが いっぱい パスタが うまい。
025	5,2	かけて 食べれば パスタが うまい。
026	5,3	アサリが いっぱい パスタが うまい。
027	5,4	かけて 食べれば パスタが うまい。
028	5,5	アサリの うまみ いっぱい。
029	5,6	はごろも アサリと 野菜の パスタ ソース。
030	6,1	やるよ。
031	6,2	いいよ。
032	6,3	やるって。
033	6,4	いいよ。
034	6,5	やるって。
035	6,6	いいって。
036	6,7	やる。
037	6,8	初めて もらった 贈り物のこと 覚えていますか。
038	6,9	贈る 気持ち 大切に。
039	6,10	内祝いは シャディの お店か サラダ館へ。
040	7,1	正月 ケンタ。
041	7,2	パパ 初段、ママ 二段、キティーちゃんは 三段お重。

042 7,3　一段 二段 三段。

043 7,4　一段~ 二段~ 三段~。

044 7,5　ハロー キティ。

045 7,6　初ハロー 重パック。

046 7,7　ケンタッキー。

047 7,8　一つに なるよ。

048 8,1　サリドンは スイス 生まれ。

049 8,2　こんな 気持ち いい とこに 住んで たらさ、頭痛 なんか ないよね。

050 8,3　だって スイスだし、空気が 超おいしい。

051 8,4　サリドンは 一錠で 早く 効きます。

052 8,5　一回 一錠 頭痛に サリドン。

053 9,1　山田で 欲張らなくちゃ。

054 9,2　行かなきゃ 買わなきゃ 暖房~ フェア~。

055 9,3　今なら 暖房 商品が 全品 安い。

056 9,4　山田で 買おう。

057 9,5　買おう。

058 9,6　買おう。

059 9,7　山田 全店 暖房 フェア。

060 9,8　山田電気。

061 10,1　コーンに 生まれた この

命 ラーメンに 捧げて 見せましょう。

062 10,2　シャキッと 歯ごたえ。

063 10,3　シャキッと コーン。

064 11,1　あれ、山田課長 代理 また 泊まったみたい。

065 11,2　夢の マイホームも 片道 三時間じゃね。

066 11,3　ごめんね 家 遠いもんで。

067 11,4　そんな あなたに Monthly レオパレス。

068 11,5　一ヶ月 単位の ルーム レンタル。

069 11,6　今 キャンペーン 実施中。

070 11,7　君。

071 12,1　はい。

072 12,2　イタリア。

073 12,3　アルバニア。

074 12,4　アラブ首長国連邦。

075 12,5　ウルグアイ。

076 12,6　イギリス。

077 12,7　スイス。

078 12,8　スロベニア。

079 12,9　アルジェリア。

080 12,10　あ。

081 12,11　アメリカまで 1分 30円。

082 12,12　国際電話 0040が 大幅

115	18,5	これが ピュアだけの 消臭 効果。
116	18,6	もう におわないでしょう。
117	18,7	うん。
118	18,8	あ~ん。
119	18,9	消臭 効果が あるのは ファミリーピュア~。
120	18,10	スポンジの 除菌も できて 清潔。
121	19,1	酢が 湯垢を 落とします。
122	19,2	お風呂の 湯垢を 落とします。
123	19,3	酢は 落とす。
124	19,4	あ、酢 酢 酢 あ、酢 酢 酢。
125	19,5	お酢の 力で ぴかぴか。
126	19,6	キンチョー ティンクル。
127	20,1	有り難う。
128	20,2	切れ目を 入れた 本場の 鮭に 野菜を 挟んで 挟み焼き。
129	20,3	お~、旨い。
130	20,4	何か お母さんと お母さんの 挟み焼き。
131	20,5	まる。
132	20,6	白鶴 まる カップも まる。
133	21,1	何だか 天気が いいので、ジゴロウと デートに 出かけた。
134	21,2	四角い 窓から キスすると、私の 時間が 絵に 変わる。
135	21,3	ね? ジゴロウ。
136	21,4	軽い。
137	21,5	簡単。
138	21,6	だけど すごい。
139	21,7	キャノン イオス キス Ⅲ。
140	21,8	いい キス できた。
141	22,1	パパ パワー ウォーター。
142	22,2	手のひらで 水に なる。
143	22,3	水に なった。
144	22,4	ベタつかない。
145	22,5	なるほど。
146	22,6	髪を ハードに キープ。
147	22,7	パワー ウォーター エフイン。
148	22,8	パパ パワー ウォーター。
149	22,9	新発売。
150	22,10	ライオンから。
151	23,1	突然 そして 思いがけない 大きさで やってくる 地震。
152	23,2	日ごろの 備えと 備える 心が あなたを 地震か

み込んで 分解。

ら 守ります。

153 24,1 水の 中は 楽しい。

154 24,2 それを 私らしく 伝えたい。

155 24,3 自分の カラーを 発信しよう。

156 24,4 カラーで 送れる。

157 24,5 コピーも とれる。

158 24,6 キャノン 新カラーファクスフォン。

159 24,7 嬉しい。

160 25,1 レディース ビゲンは きれい。

161 25,2 なのに 早い。

162 25,3 しかも しなやか。

163 25,4 きれい、はやい、しなやか。

164 25,5 早染め クリームだから、

165 25,6 いいこと 三つも。

166 25,7 レディース ビゲン。

167 26,1 元気か。元気か。

168 26,2 ダメージを なくそう。

169 26,3 うるおって 気持の いい 髪に なる。

170 26,4 エッセンシャル ダメージ ケア。

171 26,5 気持 いい。

172 27,1 梅酒は 好きですか。

173 27,2 私は 紀州が 好きです。

174 27,3 それは よりすぐった 国産 梅だけで 正直に 単純ですが、チョーヤの 自信です。

175 27,4 あ なるほど。

176 27,5 それでね。

177 27,6 チョーヤ 梅酒 紀州。

178 27,7 うめぇ~。

179 28,1 一見 どこから 見ても 普通の 洗濯機ですが、ななめ。

180 28,2 わずか 10度の 新発想。

181 28,3 ななめに すると 流れが 変わる。

182 28,4 世界初 ななめ ドラム。

183 28,5 水流と 更に 進化した 超音波が 洗浄力を グ～ン と アップ。

184 28,6 すごいね。

185 28,7 これからは ななめ ドラムと 超音波で 洗おう。

186 28,8 ななめは しかも 楽ちんね。

187 28,9 ハッピー 三洋。

188 29,1 ノイエ。

189 29,2 はねる 広がる 朝の 髪に ファイバー リキッドで

髪の芯から スタイリング。

190 29,3 一瞬で 洗い立ての 髪
に。

191 29,4 ノイエ ファイバー リキッ
ド 新登場。

192 29,5 軽く 決まる。

193 30,1 ガラスに 染まる。

194 30,2 シャープに 染める。

195 30,3 ブラック アッシュ オリー
ブ、新しい 三色。

196 30,4 明るくした 髪に ピュア
カラー ネオ。

197 31,1 銅版画家 山本容子は
知っている。

198 31,2 溢れる 薫りが 命を 吹
き込む。

199 31,3 人生には コーヒーが 必
要です。

200 31,4 上質を 知る 人の ネス
カフェ ゴールド ブレン
ド。

201 32,1 大いなる 期待を 胸に
古館 伊知郎 四十六才
の 一日が 始まろうとし
ているのでありますが、
重い むかつく もたれる。

202 32,2 どうして この苦しみを 性
懲りも なく 繰り返して

しまうのか。

203 32,3 胃の 不快感に ブルーが
効く。

204 32,4 新三共 胃腸薬。

205 32,5 飲み過ぎに 三共 胃腸
ドリンク。

206 33,1 結んで 束ねて 1人分を
一束に。

207 33,2 また 結んで 束ねて ス
パゲッティーは ポポロス
パ。

208 33,3 結んで 束ねて。

209 33,4 1人分を 一束に しまし
た。

210 33,5 ポポロスパ。

211 33,6 便利でしょう。

212 34,1 (絶好調 真冬の 恋 ス
ピードにのって、急上昇 熱
い ハート 溶けるほど 恋
したい。

213 34,2 ブレイク 寸前 幸せへ
の ゴール 私だけに ホ
ワイト ラブソング 歌って
欲しい。)

214 34,3 アルペン ジュニア スキー
3点 セット 9800円。

215 34,4 ゲレンデが とけるほど 恋
したい。

を持して いよいよ 登場。

245 40,2 天国の 階段。

246 40,3 韓国を 代表する スーパー スター達の 共演は 勿論、絶対に 目が 離せない ストーリー 展開は 必見。

247 40,4 僕が 戻ってきたら、この 場所に 絵を 描いて 君に プレゼントするよ。

248 40,5 悲しみも ない、別れも ない、苦しみも ない 世界、天国を

249 40,6 天国の 階段 ご覧の 時間に オンエアー。

250 41,1 後ろ ちょっと 手伝って。

251 41,2 いいよ。

252 41,3 白髪を 染める 母の 顔が いつもより 優しくなっている。

253 41,4 ブローネ 薫り ヘア カラー。

254 41,5 本当 ツンと しない。

255 41,6 優しいよね。

256 41,7 ず~っと 使う 物だしね。

257 41,8 ハーブの 薫りで 私まで 穏やかな 気持ちに なっ

ていた。

258 41,9 薫りが 優しい ブローネ 薫り ヘア カラー。

259 41,10 きれいに 染まってる。

260 41,11 ブローネ。

261 42,1 今の 自動車 保険って 実は 高いのかな。

262 42,2 見直そう。

263 42,3 見直そう。

264 42,4 (損保) 自動車 保険を 見直そう。

265 42,5 損保 24で 見直そう。

266 42,6 さあ、見積もりだ。

267 42,7 見積もりだ。

268 42,8 あー、もしもし、見積もりの 件なんですが。

269 42,9 0120-999-800へ。

270 42,10 見直そうかな。

271 42,11 電話 ピンポンパンポン 損保 24

실용일본어와 文法

초판인쇄 2011년 12월 19일
초판발행 2011년 12월 26일

저   자 김대성·안희정

발 행 인 윤석현
발 행 처 제이앤씨
책임편집 이신
등록번호 제7-220

우편주소 (132-702) 서울시 도봉구 창동 624-1 북한산현대홈시티 102-1206
대표전화 (02) 992 / 3253
팩스전송 (02) 991 / 1285
홈페이지 http://www.jncbms.co.kr
전자우편 jncbook@hanmail.net

ISBN 978-89-5668-887-9 93730   정가 11,000원